四川外国语大学重庆非通用语学院
系列研究丛书

# 领事与侨务：案例与理论

Consular and Overseas Chinese Affairs:
Practice and Theory

周思邑 刘玉梅·编著

时事出版社
北京

图书在版编目（CIP）数据

领事与侨务：案例与理论/周思邑，刘玉梅编著．—北京：时事出版社，2022.10

ISBN 978-7-5195-0503-5

Ⅰ．①领…　Ⅱ．①周…②刘　Ⅲ．①领事事务—中国②侨务—工作—中国　Ⅳ．①D821②D634

中国版本图书馆 CIP 数据核字（2022）第 132745 号

出版发行：时事出版社
地　　址：北京市海淀区彰化路 138 号西荣阁 B 座 G2 层
邮　　编：100097
发行热线：（010）88869831　88869832
传　　真：（010）88869875
电子邮箱：shishichubanshe@ sina. com
网　　址：www. shishishe. com
印　　刷：北京良义印刷科技有限公司

开本：787×1092　1/16　印张：17.75　字数：240 千字
2022 年 10 月第 1 版　2022 年 10 月第 1 次印刷
定价：98.00 元
（如有印装质量问题，请与本社发行部联系调换）

本书系国家社科基金重大项目《完善我国领事保护制度研究》的阶段性成果。

# 序　言

随着中国对外开放的不断深入，“走出去”的中国公民人数越来越多，领事保护的重要性更加凸显。党和国家高度重视领事保护工作。党的十九届四中全会明确指出，要构建海外利益保护和风险预警防范体系，完善领事保护工作机制，维护海外同胞安全和正当权益，保障重大项目和人员机构安全。中国政府多次强调境外中国公民和机构的安全保护问题，近年来采取的多项领事保护措施切实体现了中国政府“以人为本、外交为民”的价值理念。

鉴于领事保护的重要性，开展相关知识普及意义重大。然而，目前市面上《领事与侨务》相关教材较少，思邑团队编写的教材非常及时且必要。我和思邑结缘于《领事与侨务》课程，她读研期间我正推进《领事与侨务》教学改革实践，她是课程改革的体验者。现如今，这本教材以“案例导入、理论知识、情景体验、本节小结和推荐材料”为编写体系，也体现了“理论 + 实践”的创新，延续了对教学改革的探索，我倍感欣慰。

当然，国际安全环境复杂多变，领事工作呈现动态发展，海外侨务工作内容不断更新，书籍还有待完善之处，但总体而言，该书体系合理、内容丰富、案例生动，适宜作为领事保护知识普及的参考教材和读物。这也是四川外国语大学《领事与侨务》课程团队努力的结晶，非常值得肯定，期待他们不断地有新成果面世，让更多读者了解领事与侨务工作。

**夏莉萍**

# 前　言

当前，百年变局与新冠肺炎疫情叠加共振，国际安全环境更加复杂。海外中国公民群体规模庞大，领事保护任务艰巨。“以预防为主，预防与处置并重”是我国开展领事保护工作的指导原则。开展领事保护知识普及教育，让更多人了解领事保护知识，树立海外安全风险防范意识，掌握相关知识和技能，减少海外安全事件的发生，十分重要。

针对高校领事保护教学相关课程“无教材、少案例、无活动”等问题，四川外国语大学课程团队编写了这本《领事与侨务：案例与理论》，旨在普及领事保护知识，为我国领事保护宣传教育工作尽绵薄之力。

《领事与侨务：案例与理论》以理论、历史和实践为结构体系，详细讲解了领事与侨务的历史发展、理论和实务。每节包含案例导入、知识理论、情景体验、本节小结和推荐材料五个模块。通过案例故事导入主题，以情景体验加深理解，在小结部分列出复习要点，向读者推荐参考读物，扩宽视野。本书既可以作为涉外教学的教材，亦可作为大众知识普及读物。

本书编写历时四年，在本书付梓之际，我们要衷心感谢各方的支持帮助。感谢对本书进行指导的夏莉萍老师、谌华侨老师以及参与整理章节案例的同学：刘雪君、孙晨、杨虹、陈虹希和潘若浅。

在本书的编写过程中，我们参考和借鉴了国内外优秀研究成果及网络资料。尽管付出了很多努力，但由于编撰人员能力有限，还存在着诸多不足之处，请方家批评指正。

# 目录

contents

# 第一章 绪论

## 第一节 研究意义

### 一、案例导入

**同胞之情，血浓于水**

2016年1月7日，大西洋上风急浪高，上海新海航业有限公司的“新海明珠”散货轮从几内亚起航后驶入摩洛哥海域。此时年轻的二副持续高烧，疑似急性疟疾发作，体温骤升至40多度，心跳每分钟高至140下，生命危在旦夕。散货轮随即在卡萨布兰卡港外锚地抛锚，紧急联系中国驻摩使馆领保部门。

凌晨，正在熟睡的使馆综合处处长王峰被手机铃声惊醒。在得知船员病情危机后，王峰二话没说，喊上中国医疗队医生，向大使汇报后立即驱车赶往100公里以外的码头。使馆随即启动应急预案，孙树忠大使要求调动一切资源，全力救治船员。

情况危急，王峰迅速与卡萨布兰卡港方取得联系。使馆出具担保函，要求摩方为危急船员签发落地签证。被中方救人心切的诚意所打动，港方破例组织海关、边检和防疫三方联检，以最快的速度为病危船员办理离船手续。船员上岸被确诊为急性疟疾后，迅速被送往当地专科医院，由于抢救及时，中国船员转危为安。

上海新海航业有限公司在致使馆的感谢信中说："在这次应急事件中，船员们见证了外交官们为救助病危同胞，不辞辛劳，雷霆出击。你们是中国同胞在海外最强有力的依靠、更是危机时刻同胞最亲的人。"①

◆ 问题思考

- 中国驻摩洛哥大使馆对船员进行了哪些协助呢？
- 领事与侨务工作主要包括哪些内容呢？
- 有人把中国领事官员称为"海外民生工程奠基的前沿卫士"②，你怎么看？

## 二、知识理论

本节主要包含两部分内容：分别是领事工作的意义与重要性和侨务工作的意义与重要性。

### （一）领事工作

领事工作是中国外交的重要组成部分，主要处理人员跨境交往中的问题，是最接地气的外交工作，直接践行着中国政府"以人为本、外交为民"的宗旨。③

① 新华社国际部：《永远是你的依靠：中国领保纪实》，新华出版社 2016 年版，第 157—158 页。

② 梁宝山：《中国外交领事人员：海外民生工程奠基的前沿卫士（上）》，《湘潮》2014 年第 11 期。

③ 中国领事工作编写组：《中国领事工作》（上），世界知识出版社 2014 年版，序第 1 页。

中国领事工作主要包括贯彻执行中央的外交政策，发展中外领事关系，领事保护与服务，海外侨务，签证、护照、公证认证等领事证件工作，办理外国驻华领事机构事务，妥善处理国外涉外案件引起的对外交涉等。

1. 领事工作的意义

（1）政策意义

以人民为中心，满足人民群众日益增长的美好生活需要，是新时代领事工作的基本出发点。习近平总书记指出，实现中华民族伟大复兴的中国梦，就是要实现国家富强、民族振兴、人民幸福。中国梦是包括每一位身在海外的中国公民的全体中国人民的梦想。中国领事工作就是中国政府遍及世界的“民生工程”，宗旨是为民办事、为民解忧、为民谋利。①

伴随着中华民族伟大复兴的步伐，中国正积极探索一条更具全球视野、进取意识和开创精神的中国特色大国外交之路。在这一过程中，中国的领事工作将进一步适应全球化要求，更好地服务国家改革开放和“一带一路”倡议；更好地便利人员往来、促进中外双边关系发展；更好地维护国家公民和机构在海外正当合法权益；更好地推动国家统一大业、维护和保障国家安全稳定。

（2）现实意义

随着中国国力和国际影响力不断上升，以及“一带一路”倡议、国际产能合作的不断推进，越来越多中国公民和企业走出国门，“中国脚步”遍及全球，“海外中国”加速成型。截至 2021 年 12 月，中国已与 181 个国家建立了外交关系。根据国家移民管理局 2020 年 1 月 4 日

① 中国领事工作编写组：《中国领事工作》（上），世界知识出版社 2014 年版，序第 2 页。

数据，2019 年全国边检机关检查出入境人员 6.7 亿人次，同比增长 3.8%；全年内地居民出入境 3.5 亿人次，香港、澳门、台湾居民来往内地（大陆）分别为 1.6 亿、5358.7 万、1227.8 万人次，外国人入出境 9767.5 万人次①。截至 2019 年，中国 2.75 万家境内投资者在全球 188 个国家（地区）设立对外直接投资企业 4.4 万家，在“一带一路”沿线国家设立境外企业 1.1 万家。②

中外人员往来规模的不断扩大给领事服务带来持续增长的刚性需求，也给领事工作带来更大的发展机遇。截至 2021 年 12 月底，中国在国外设立 99 个领事机构，外国在中国设立了 211 个领事机构③，中国与外国签订 49 个双边条约或协定，中国与 149 个国家就部分种类护照签订互免签证协定，领事工作成为外交工作新的增长点。④⑤

### （二）海外侨务工作

海外侨务工作是中国特色社会主义事业的重要方面，是党的统一战线工作的重要组成部分。加强侨务工作是凝聚侨心，发挥侨力，实现中华民族伟大复兴的需要。根据 2018 年国务院机构改革，中共中央统一战线工作部统一管理侨务工作。

---

① 《2019 年出入境人员达 6.7 亿人次》，国家移民管理局网站，2020 年 1 月 6 日，https://www.nia.gov.cn/n741440/n741567/c1199336/content.html。（上网时间：2022 年 1 月 18 日）

② 魏冉：《2020 年中国公民海外安全的现状、成因与对策》，载张蕴岭、张洁：《海外公共安全与合作评估报告（2021）》，社会科学文献出版社 2021 年版，第 89 页。

③ 中华人民共和国外交部：驻外总领馆，https://www.mfa.gov.cn/web/zwjg_674741/zwzlg_674757/bmdyz_674769/。（上网时间：2021 年 12 月 31 日）

④ 中华人民共和国外交部驻外总领馆，https://www.mfa.gov.cn/web/zwjg_674741/zwzlg_674757/bmdyz_674769/。（上网时间：2021 年 12 月 31 日）

⑤ 中国领事服务网：中国与外国互免签证协定一览表，http://cs.mfa.gov.cn/zlbg/tyxy_660627/202110/t20211029_10403855.shtml。（上网时间：2021 年 12 月 31 日）

1. 海外侨务工作的主要任务

根据《中国共产党统一战线工作条例》第三十八条，侨务工作的主要任务是：围绕凝心聚力同圆共享中国梦的主题，加强华侨、归侨、侨眷代表人士工作，凝聚侨心、汇集侨智、发挥侨力、维护侨益，为侨服务；统筹国内侨务和国外侨务工作，着力涵养侨务资源，引导华侨、归侨、侨眷致力于祖国现代化建设，维护和促进中国统一，实现中华民族伟大复兴，致力于增进中国人民与世界人民的友好合作交流，推动构建人类命运共同体。

保护华侨正当权利和利益，关心华侨的生存和发展，推动和谐侨社建设，教育引导华侨遵守住在国法律，尊重当地文化习俗，更好融入主流社会，为住在国经济社会发展贡献智慧和力量，充分展现守法诚信、举止文明、关爱社会、团结和谐的大国侨民形象。

保护归侨、侨眷合法权利和利益，适当照顾归侨、侨眷特点，积极发挥他们与海外联系广泛的优势作用。

2. 海外侨务工作的意义

（1）政策意义

海外侨务工作在中国共产党和政府工作中始终占据重要地位。

习近平总书记指出："长期以来，广大华侨华人秉承中华民族优秀传统，艰苦创业，拼搏进取，积极融入住在国社会，同当地人民和睦相处，在事业上取得长足发展，为各国经济发展和社会进步作出了积极贡献。"他指出："中国已经确定了'两个一百年'的奋斗目标，开启了实现中华民族伟大复兴的中国梦的新征程。实现中国梦，是海内外中华儿女的共同愿景，也将为世界各国人民带来更多利益和机遇。"①

① 《第十二届世界华商大会开幕　习近平致信祝贺》，中华人民共和国中央人民政府网，2013 年 9 月 25 日，http://www.gov.cn/ldhd/2013-09/25/content_2494712.htm。（上网时间：2022 年 11 月 21 日）

二十大报告指出，加强和改进侨务工作，形成共同致力民族复兴的强大力量。因此，全国人民对中国迈向繁荣富强更加满怀信心、中华民族伟大复兴正成为全世界炎黄子孙共同的中国梦。侨务工作对于凝聚海内外中华儿女、巩固海内外爱国统一战线的重要意义更加凸显。

（2）现实意义

改革开放以来，广大海外华侨华人和归侨侨眷为中国对外开放和现代化建设事业发挥了重要而独特的作用。40 多年来，海外华侨华人捐赠兴办公益事业和扶贫济困的善款，惠及教育、医疗卫生、交通、文化体育、社会福利等各个领域。海外华侨华人还为促进中国同有关国家建立和发展外交关系，缔结友好省、市（州），促进中外合作交流，积极穿针引线。中国经济社会发展和改革开放事业所取得的伟大成就，海外华侨华人功不可没。

广大华侨华人和归侨侨眷还为促进中国和平统一、传承和推广中华文化发挥了重要作用。在涉及中国主权、尊严和领土完整等重大问题面前，广大海外华侨华人以民族大义为重，在海外开展各种形式的声援活动，坚定支持中国政府立场和主张。

中国革命、建设和改革开放的实践证明：侨务工作始终与中华民族复兴和国家发展大局紧密相连，凝聚侨心、发挥侨力，对于改革开放和全面建设小康社会，推进中国特色社会主义伟大事业，实现中华民族的伟大复兴，具有重要意义。

## 三、情景体验

### “一带一路”倡议沿线国家领事与侨务案例分享会

会议主题：“领事与侨务”案例分享会

主要内容：通过采访亲友、观看新闻和查阅资料等方式了解中国在“一带一路”倡议沿线国家的领事与侨务案例，案例中体现了领事与侨务的哪些知识呢？

## 四、本节小结

- 领事与侨务工作的意义。
- 近年来有关领事保护的电影越来越多地进入人们的视野，思考这种现象背后的原因。

## 五、推荐材料

### （一）文献

《中国领事工作》编写组：《中国领事工作（上下册）》，世界知识出版社 2014 年版。

《新中国领事实践》编写组：《新中国领事实践》，世界知识出版社 1991 年版。

梁宝山：《中国外交领事人员：海外民生工程奠基的前沿卫士》，《湘潮》2014 年第 11 期。

### （二）网站

中国领事服务网，http：//cs. mfa. gov. cn/。

中华人民共和国外交部网站，http：//www. mfa. gov. cn。

# 第二节　主要内容

## 一、案例导入

### “外交官在行动”

2015年5月12日，《外交官在行动——我亲历的中国公民海外救助》新书发布会在外交部新闻发布厅举行。该书由外交部部长王毅亲自作序，30余名外交官执笔，披露了大量中国公民海外救助过程中鲜为人知的细节。

该书共有30余个章节，从亚洲、非洲、美洲、欧洲、领事保护中心五个部分展开，披露了包括湄公河大案、海地大地震、波士顿马拉松爆炸案、中非内战撤侨等广受关注的重大领保事件，以及外交官们探病、寻人等小故事，通篇由亲历事件的外交官撰写，以当事人的视角，最真实地还原救助现场，使读者感到“外交官就在我们身边”。

“我相信这些故事将为读者打开另一扇了解中国外交的窗口”，外交部长王毅在序中写道，让大家在感悟中国外交人员“忠诚、使命、奉献”铮铮誓言的同时，也能从书中被救助当事人的真实经历得到启发，进一步提升海外安全意识，维护好自身合法权益，真正实现“高高兴兴走出去，平平安安回家来”。

据了解，2014年，中国内地居民出境首次突破1亿人次，走出去的企业有2万多家。但同时，涉及中国公民和机构的重大海外安全事件全球多点集中爆发态势愈加明显。因此，本书具有领事保护与协助的普及与参考价值。[①]

◆ 问题思考

- 《外交官在行动》体现了领事工作的哪些内容?
- 查阅资料，你还知道哪些有关领事与侨务的书籍呢?

## 二、知识理论

本节将主要介绍领事与侨务相关的书籍、论文指南和网站等资料。

### (一) 书籍

与领事与侨务相关的书籍不断增加，主要包括：

1. 研究类

领事与侨务相关研究书籍主要为集中于历史、法律和实践等视角的研究。如《新中国领事实践》[②] 是国内出版的较早且较权威的领事与侨务研究书籍，在此基础上，《中国领事工作》[③] 于2014年出版。该书是国内研究领事与侨务工作的集大成者，由“领事关系编”“领事制度编”“领事业务编”三个部分和附录组成，约80万字，是新中国成立以来有关中国领事理论与实践的最全面、最权威的书籍。《领事保护机制改革研究——主要发达国家的视角》[④] 阐述了20世纪90年代以来主要发达国家如英国、美国、澳大利亚、日本、德国等的领事保护制度的

① 《〈外交官在行动〉新书发布披露中国公民海外救助细节》，人民网，2015年5月12日，http://world.people.com.cn/n/2015/0512/c1002-26989190.html。(上网时间：2019年6月16日)

② 《新中国领事实践》编写组：《新中国领事实践》，世界知识出版社1991年版。

③ 《中国领事工作》编写组：《中国领事工作》，世界知识出版社2014年版。

④ 夏莉萍：《领事保护机制改革研究——主要发达国家的视角》，北京出版社2011年版。

发展和改革，如领事保护工作方式的转变，改革的原因分析，产生的影响和出现的一些问题及对中国领事保护发展的启示。此外，相关书籍还有《海外中国公民领事保护问题研究（1978—2011）》① 《中国领事保护历史发展与案例分析》② 《外国在华领事裁判权史稿》③ 和《领事保护法律制度与中国实践研究》④ 等。

2. 外交官回忆录类

许多外交官的回忆录见证了领事工作的发展历史。比如，《关山度若飞：我的领事生涯》⑤ 是我国资深外交官聂功成大使记述自己一生从事外交领事工作的著作。作者按照自己从事领事工作的时间顺序，从一个侧面勾勒出中国领事工作从建国初期奠基到全面发展对外领事关系的曲折历程，披露了一些鲜为人知的历史背景。外交部资深外交官和领事司也主编了一些领事保护案例纪实，如《紧急护侨：中国外交官领事保护纪实》⑥，《祖国在你身后：中国海外领事保护案件实录》⑦，《一枝一叶总关情——中国外交官领事保护与协助手记》⑧ 等。

---

① 黎海波：《海外中国公民领事保护问题研究（1978—2011）》，暨南大学出版社 2012 年版。

② 黎海波：《中国领事保护历史发展与案例分析》，中国社会科学出版社 2017 年版。

③ 安国胜：《外国在华领事裁判权史稿》，中国政法大学出版社 2014 年版。

④ 许育红：《领事保护法律制度与中国实践研究》，法律出版社 2020 年版。

⑤ 聂功成：《关山度若飞：我的领事生涯》，新华出版社 2009 年版。

⑥ 张兵、梁宝山主编：《紧急护侨：中国外交官领事保护纪实》，新华出版社 2010 年版。

⑦ 《祖国在你身后中国海外领事保护案件实录》编写组编：《祖国在你身后：中国海外领事保护案件实录》，江苏人民出版社 2017 年版。

⑧ 《一枝一叶总关情——中国外交官领事保护与协助手记》编委会：《一枝一叶总关情——中国外交官领事保护与协助手记》，江苏人民出版社 2019 年版。

## （二）学术论文

1. 国内领事与侨务研究论文

国内关于领事与侨务的研究主要分为以下三个方面：

第一，由于领事与侨务工作与法律联系密切，一些学者从国际法角度论述领事制度及侨务工作，如《国际法的人本化与中国的领事保护》[①] 和《我国领事探视法律制度的构建——兼评〈领事保护与协助工作条例（草案）〉征求意见稿的相关规定》[②]，讨论领事保护立法的《海外中国公民领事保护立法初探》[③] 和《领事认证制度的发展与中国公文书的全球流动》[④]，从法律视角研究领事公约的发展，如《〈维也纳领事关系公约〉的挑战与革新》[⑤]。

从历史学的角度阐述领事保护制度和领事保护（或护侨活动），如《20 世纪 90 年代以来主要发达国家领事保护机制变化研究——兼论对中国的启示》[⑥]，追溯中世纪欧洲国际法雏形的《中世纪欧洲海商法研究（11 至 15 世纪）》[⑦] 和《十九世纪中叶美国驻澳门领事的“设”与“撤”》[⑧] 等。

---

① 黎海波：《国际法的人本化与中国的领事保护》，暨南大学 2009 年博士论文。

② 王勇：《我国领事探视法律制度的构建——兼评〈领事保护与协助工作条例（草案）征求意见稿〉的相关规定》，《法商研究》2018 年第 4 期。

③ 邢爱芬：《海外中国公民领事保护立法初探》，《国际论坛》2011 年第 4 期。

④ 何其生：《领事认证制度的发展与中国公文书的全球流动》，《华东政法大学学报》2018 年第 1 期。

⑤ 梁蓉：《〈维也纳领事关系公约〉的挑战与革新》，《河北法学》2016 年 34 卷第 12 期。

⑥ 夏莉萍：《20 世纪 90 年代以来主要发达国家领事保护机制变化研究——兼论对中国的启示》，外交学院 2008 年博士学位论文。

⑦ 英振坤：《中世纪欧洲海商法研究（11 至 15 世纪）》，华东政法大学 2013 年博士学位论文。

⑧ 郝雨凡：《十九世纪中叶美国驻澳门领事的“设”与“撤”》，《历史研究》2015 年第 1 期。

此外，一些学者从国别角度进行了领事保护研究，例如《美英领事保护预警机制的特点及对我国的启示》[①] 和《菲律宾领事保护研究及其对中国的启示——以菲律宾海外劳工领事保护为例》[②] 等。

2. 国外领事与侨务研究论文

国外领事与侨务的研究主要包括从政策和案例等角度分析领事与侨务工作，例如安娜·马尔·费尔南德斯（2008）分析了欧盟的领事签证政策，并探讨了其对欧盟成员国海外领事事务管理的影响[③]；亚历山德罗·亚尼洛·萨利切蒂论述了保护海外公民的观念诞生于17世纪和18世纪的"国家法"理论，找到了领事保护法律最初来源[④]。在以实际案例为载体的研究方面，比罗·玛丽安娜（2019）针对2019年巴勒斯坦驻匈大使被召回国事件探讨了其前因后果以及相关的政治变故[⑤]；里奥·格罗斯（2017）对美国驻德黑兰大使馆被武装分子劫持事件进行了分析和探讨；乔治·波尔齐奥（2008）从欧盟视角论述了领事保护与协助的重要性[⑥]；雷妮·琼斯·博斯和莫妮卡·范·戴伦（2008）介绍了过去二十年来领事业务最重要的趋势和发展，并针对荷兰外交部对

---

① 夏莉萍：《美英领事保护预警机制的特点及对我国的启示》，《外交评论》2006年第1期。

② 师会娜：《菲律宾领事保护研究及其对中国的启示——以菲律宾海外劳工领事保护为例》，暨南大学2013年硕士论文。

③ Ana Mar Fernández, "Consular affairs in the EU: visa policy as a catalyst for integration?" The Hague Journal of Diplomacy, Vol. 3, No. 1, 2008, pp. 21 – 35.

④ Saliceti Alessandro Ianniello, "The Protection of EU Citizens Abroad: Accountability, Rule of Law, Role of Consular and Diplomatic Services," European Public Law, No. 17, 2011, pp. 91 – 109.

⑤ Biró Marianna, "Hazahívták Magyarországról a palesztin nagykövetet," https://index.hu/kulfold/2019/03/20/hazahivtak_magyarorszagrol_a_palesztin_nagykovetet/.（上网时间：2019年9月17日）

⑥ Porzio Giorgio, "Consular Assistance and Protection: An EU Perspective," The Hague Journal of Diplomacy, No. 3, 2008, pp. 93 – 97.

这些趋势和发展作出的反应总结出领事启示[①]；玛德林·林德斯特伦和斯蒂芬·奥尔森（2009）对欧盟成员在危机情况进行领事合作进行了探讨[②]。

### （三）领事事务指南类

随着近年来我国公民出入境人数不断地增长，有关方面编写的指南类读物也逐渐涌现。其中，《公民领事服务指南》[③] 介绍了领事公证与认证、领事保护与协助、出国与国籍等事务。外交部领事司编写发布《中国领事保护和协助指南》。此外，还有《中国公民出入境指南》[④]，《涉外婚姻指南》[⑤] 和《中国公民出国法律指南》[⑥] 等。

### （四）相关网站

随着我国综合国力的不断增长和人民生活水平的日益提高，我国公民出入境人数也不断增加。因此，有关领事与侨务的相关网站也不断增加，这里选取几个相关网站进行简介。

1. 中国领事服务网

中国领事服务网，其由中华人民共和国外交部于 2011 年 11 月 22 日正式开通，为出境中国公民和机构提供“一站式”海外安全信息和领事服务，以加强预防性领事保护。

---

① Renée Jones – Bos and Monique van Daalen, "Trends and Developments in Consular Services: The Dutch Experience," The Hague Journal of Diplomacy, Vol. 3, Issue 1, 2008.

② Madelene Lindström and Stefan Olsson, "The European Programme for Critical Infrastructure Protection," 2009.

③ 许育红：《公民领事服务指南》，法律出版社 2015 年版。

④ 向党主编：《中国公民出入境指南》，群众出版社 2006 年版。

⑤ 周杏开等：《涉外婚姻指南》，中山大学出版社 1992 年版。

⑥ 项谠编：《中国公民出国法律指南》，中国人民公安大学出版社 1988 年版。

中国领事服务网优化整合了国内相关领事资源以及中国驻外机构掌握的驻在国和地区情况及重要信息，快速、便捷地将有关海外安全的信息集中传递给遍布世界各地的中国公民和机构。主要包括国别信息、领事新闻、安全预警、证件服务、应急电话等。此外，网站还开通了微博、短信等信息转发分享功能。①

2. 国家移民管理局官网

国家移民管理局官网，由国家移民管理局版权所有，主要办理中国公民出入境、内地（大陆）居民往来港澳台地区、港澳台居民往来内地（大陆）、外国人入出境及停（居）留等事务。

国家移民管理局于2018年4月2日组建成立，是公安部管理的国家局，为副部级。主要职责是：负责全国移民管理工作；负责协调拟订移民和出入境管理政策与规划并协调组织实施，起草相关法律法规草案；负责建立健全签证管理协调机制，组织实施外国人来华口岸签证、入境许可签发管理和签证延期换发；负责外国人来华留学管理、工作有关管理、停留居留和永久居留管理、国籍管理、难民管理；负责出入境边防检查、边民往来管理、边境地区边防管理；负责中国公民因私出入境管理、港澳台居民回内地（大陆）定居审批管理；牵头协调非法入境、非法居留、非法就业外国人治理和非法移民遣返，查处妨害国（边）境管理等违法犯罪行为；承担移民领域国际合作等。②

3. 国务院侨务办公室官网

国务院侨务办公室官网，由国务院侨务办公室版权所有、中国侨网

① 《外交部举行中国领事服务网开通仪式暨预防性领事保护专题媒体吹风会》，中华人民共和国外交部官网，2011年11月22日，http://cs.mfa.gov.cn/lsxw/t879977.htm。（上网时间：2018年8月10日）

② 《国家移民管理局基本概况信息》，国家移民管理局官网，2019年6月26日，https://www.nia.gov.cn/n741430/n741506/index.html。（上网时间：2019年9月9日）

技术支持。国务院侨务办公室隶属于中共中央统一战线部，主要负责侨民方面事务。其官网在线办事栏目主要提供各地华侨回国定居、归侨侨眷身份认定、“三侨考生”身份证明等相关业务办理指南，可以通过点击各省（区、市）名称，获得相关内容；政策咨询栏目主要提供相关问题的咨询和答复，方便侨界群众了解更多涉侨知识。

4. 中华全国归国华侨联合会官网

中华全国归国华侨联合会官网，由中华全国归国华侨联合会版权所有，人民网为其提供技术支持。中国侨联是由全国归侨、侨眷组成的全国性人民团体，是党和政府联系广大归侨、侨眷和海外侨胞的桥梁和纽带。中国侨联是全国性的一级人民团体，是全国政协的组成单位，各级侨联与同级工会、青年团、妇联等人民团体享有同等待遇。《归侨侨眷权益保护法》第八条规定：“中国侨联和地方侨联代表归侨、侨眷的利益，依法维护归侨、侨眷的合法权益。”第二十三条还规定：“归侨、侨眷合法权益受到侵害时，被侵害人有权要求主管部门依法处理，或者向人民法院提起诉讼。归国华侨联合会应给予支持和帮助。”侨联的性质决定了为侨服务的根本宗旨，侨联的基本职能是“群众工作、参政议政、维护侨益、海外联谊”。①

5. 中国侨网

中国侨网是由华声报（电子版）社主办的面向全球华侨华人，集资讯、服务、互动于一体的综合性网站。

中国侨网拥有稳定健全的信息采集网络，并与海内外华文媒体、中国侨务部门、民间涉侨机构、华侨华人社团有广泛密切联系，为海内外公众精心提供及时、丰富、权威的全方位涉侨资讯和服务，努力架设全

① 《中国侨联简况》，中华全国归国华侨联合会官网，2018 年 6 月 22 日，http: //www. chinaql. org/n1/2018/0622/c419629 - 30075909. html。(上网时间：2019 年 9 月 9 日)

球华侨华人与祖（籍）国之间、各国华侨华人相互之间沟通互动的网上桥梁，倾心为全球华侨华人打造温馨和谐的网上家园。

在广泛搜集整理文献的基础上，本书以理论、历史和实践为主线，系统展现了领事与侨务工作的相关案例和理论。书中每节以生动案例导入问题思考，知识理论深化案例学习，情景体验巩固案例和理论学习，本节小结复习要点，推荐材料扩宽视野。书中包含大量的故事和知识，既可以作为涉外学习用书，为国家和社会层面的不同群体提供些许参考，其富有趣味的故事和介绍也可作为出国人员和社会大众的科普读物。

## 三、情景体验

情景任务：请查阅领事与侨务相关的书籍、论文和网站，并整理出该资料的主要内容和意义。

## 四、本节小结

- 整理与总结领事与侨务相关的书籍。
- 查阅与研究领事与侨务相关的论文。
- 查看与分析领事与侨务相关的网站。

## 五、推荐材料

### （一）文献

黎海波：《海外中国公民领事保护问题研究（1978—2011）》，暨南大学出版社 2012 年版。

王勇：《我国领事探视法律制度的构建——兼评〈领事保护与协助工作条例（草案）征求意见稿〉的相关规定》，《法商研究》2018 年第

4 期。

邢爱芬:《海外中国公民领事保护立法初探》,《国际论坛》2011 年第 4 期。

何其生:《领事认证制度的发展与中国公文书的全球流动》,《华东政法大学学报》2018 年第 1 期。

夏莉萍:《领事保护机制改革研究——主要发达国家的视角》,北京出版社 2011 年版。

**(二) 影像**

《红海行动》,2018 年。

《惊天大逃亡》,2001 年。

**(三) 网站**

中国领事服务网,http://cs.fmprc.gov.cn/。

国家移民管理局官网,https://www.nia.gov.cn/。

国务院侨务办公室官网,http://www.gqb.gov.cn/。

中华全国归国华侨联合会官网,http://www.chinaql.org/。

中国侨网,http://www.chinaqw.com/。

# 第二章　概念界定

## 第一节　领事工作

### 一、案例导入

**江某案**

美国当地时间2018年6月15日，江某案在美国亚利桑那州马里科帕县高等法院开庭审理，法官宣判凶手戴维斯（Holly Davis）被判处二级谋杀罪，刑期25年。①

时间回到两年前，2016年1月16日，江某驾驶一辆载有其男友的汽车，在当地一路口处等红灯时，被戴维斯驾驶的汽车追尾。随后32岁的戴维斯下车，近距离向江某连开数枪，江某伤重不治死亡。女罪犯戴维斯于2018年2月在受害人家人不知情的情况下，与检方达成认罪协议，承认犯有二级谋杀罪。美国亚利桑那州马里科帕县高等法院法官格兰维尔（Judge Warren Granville）于2018年6月11日上午裁决，江某家人就撤销江某命案认罪协议的申诉无效。

---

① 《在美中国留学生江某被枪杀案宣判罪犯获刑25年》，《人民日报》（海外版）2018年6月16日，http：//news. haiwainet. cn/n/2018/0616/c3541093－31336099. html。（上网时间：2018年7月24日）

中国驻洛杉矶总领馆一直对此案高度关注，总领馆向法庭和法官转达了受害人家属的陈情信，呼吁本案裁决公正。总领馆于当地时间2018年6月12日与亚利桑纳侨社代表一起面见本案法官，表达了中国政府对广大中国留学生人身安全，以及公平权益的关注。

◆ 问题思考

- 什么是领事？领事的工作包括哪些？
- 中国驻洛杉矶总领馆在本案件中提供了哪些协助？

## 二、知识理论

本节将针对领事及相关概念的定义、职责与分类三部分基础知识进行介绍。

### （一）领事及相关概念的定义

1. 领事

领事（Consul）是由一国政府根据同另一国政府达成的协议，派驻对方国家的特定城市，在一定区域内保护本国国家和本国公民的权利和利益的政府代表。①

Consul: An official appointed by a government to reside in a foreign country and represent his or her government's commercial interests and assist its citizens there. ②

① 《领事常识》，中国领事服务网，http://cs.mfa.gov.cn/gyls/lscs/。（上网时间：2018年7月22日）

② "consul," Collins English Dictionary - Complete and Unabridged, 12th Edition, Harper Collins Publishers, 2014.

**词汇拓展**

**【Consulate】**

—The residence or official premises of a consul. 领事馆

—The office, term of office, or jurisdiction of a consul.[①] 领事职位或领事任期

2. 领事辖区

领事辖区，又称领区，是领馆执行职务而设定之区域。[②] 每个领事机构只能在其所管辖区内执行领事职权。这个辖区通常是两国在签署设立领事机构相关协议时确定的。[③]

**知识拓展**

中国在美国有一个使馆和五个领事馆——使馆位于美国首都华盛顿特区，五个领馆分别为驻纽约总领事馆、驻旧金山总领事馆、驻芝加哥总领事馆和驻洛杉矶总领事馆和驻休斯敦总领事馆。驻洛杉矶总领事馆负责的领区是加利福尼亚州南部10县、新墨西哥州、亚利桑那州、夏威夷州和太平洋岛屿。江某案的发生地位于亚利桑那州，处于中国驻洛杉矶总领馆领区范围内，因而，此事件主要由该领馆提供协助。

① "consulate," Collins English Dictionary – Complete and Unabridged, 12th Edition, Harper Collins Publishers, 2014.

② 《维也纳领事关系公约》，国际法委员会官网，http：//www. un. org/chinese/law/ilc/consul. htm。（上网时间：2018年7月22日）

③ 《领事常识》，中国领事服务网，http：//cs. mfa. gov. cn/gyls/lscs/。（上网时间：2018年7月22日）

3. 领事服务

领事服务是指中国驻外使、领馆依据本国有关法律和法规为在接受国内的本国公民提供涉及国际旅行证件、公证和认证等事宜的服务。①

**（二）领事的职责**

1. 公约中规定的领事职责

根据《维也纳领事关系公约》，领事官员的职责包括：

（1）促进派遣国与接受国关系的发展

领事官员的重要职责之一就是要积极开展同领区内地方政府和社会各界的广泛联系和友好交往；利用各种合法渠道，广泛开展对外宣传工作，介绍本国在各方面的发展状况；采用一切合法手段调查接受国的经济、贸易、科技、文化和教育等方面的情况，并向本国政府报告。领事官员通过上述活动，增进本国与外国的相互了解，促进友好合作关系的发展。

（2）保护本国公民及法人的正当权益

公民享有本国领事保护的权利。当其正当权益如人身安全、财产权益等受到侵犯，或受到歧视和不平等待遇时，领事官员应采取一切必要措施予以保护，必要时进行交涉，包括要求惩凶、道歉、赔偿损失、防止事件再次发生和取消无理措施等。本国公民若被逮捕、监禁或以其他方式被剥夺自由，有权要求会见领事官员或与之通讯。领事官员有权探视该公民。

---

① 《中国境外领事保护和服务指南》，中华人民共和国驻意大利共和国大使馆官网，http：//www.fmprc.gov.cn/ce/ceit/chn/lsyw/lingshibaohu/t195456.htm。（上网时间：2018 年 7 月 22 日）

（3）颁发护照和签证

领事官员为本国公民颁发、换发、补发身份证件。为前往或途经本国的外国人颁发签证。

（4）担任民事登记员和公证人

领事官员在民事和司法方面的职务通常包括接受有关国籍问题的申请、登记本国公民的结婚等。领事官员为本国公民出具在本国境内外使用的文书。为本国公民和外国人认证驻在国有关当局所颁发文书上的签字和印章，以便在使用时具有法律效力。

（5）关于船舶、飞机和火车的职务

领事官员对具有本国国籍的船舶、飞机和火车、汽车等交通运输工具行使监督和检查权并向其提供必要的协助。特别是驻在国当局对其采取强制措施时，应通知领事官员，以便实施领事保护。

（6）其他领事职务

处理有关本国公民遗产的事务，转送司法文书和司法外文书或执行嘱托调查书或代派遣国法院调查证据的委托书等。

领事官员除执行本国参加的国际公约和缔结的双边条约规定的领事职务外，还可执行本国授权而又不为驻在国反对的其他职务，以及在一定条件下承办外交事务，或代表第三国执行领事职务。①

---

**视频**

观看《中国领事保护和协助指南》动画宣传片，总结“中国领事能为我们做什么”和“不能为我们做什么”。

---

①《领事职务简介》，中华人民共和国外交部官网，http：//www.fmprc.gov.cn/web/ziliao_674904/lszs_674973/t9716.shtml。（上网时间：2018年7月23日）

2. 领事可以为我们做什么？[①]

（1）如所在国发生重大突发事件时，领事可以为中国公民撤离危险地区提供咨询和必要的协助。

**案例**

据时任中国驻也门使馆馆员林聪的记录，2015 年，发生空袭的时候，大使及馆领导在第一时间与中资企业负责人联系，大使田琦通过电话向国内报告了相关情况后，随即在使馆地下室召开了紧急会议，分析研判也门安全形势。

在外交部统一部署下，驻也门使馆、驻亚丁总领馆与军方和我国驻部分周边国家使馆密切配合，制定周密撤侨计划，发挥团结协作、连续作战精神，安全、高效、有序地从也门撤离了中国公民 613 人，以及来自 15 个国家的外国公民 279 人。[②]

（2）如中国公民在所在国与他人发生民事纠纷，或涉及刑事案件，或突发疾病，领事官员可以应公民请求，协助提供当地律师、翻译和医生等名单供参考，但并不保证其服务质量达到预期。

**案例**

2011 年 7 月，一名中国留学生在昆士兰州布里斯班市附近过马路时遭遇车祸并受重伤。经中华人民共和国驻布里斯班总领事馆的协助，其父母顺利抵布探望。伤者已脱离危险，恢复良好。由于当事人未走人

① 《中国领事保护与协助指南》，世界知识出版社 2018 年版，第 17—20 页。

② 《祖国在你身后：中国海外领事保护案件实录》编委会编：《祖国在身后：中国海外领事保护案件实录》，江苏人民出版社 2016 年版，第 48 页。

行横道，且肇事司机无超速或酒后驾车等违法行为，因此澳警方没有追究肇事者责任。①

（3）如中国公民需要寻找国外失踪或失联亲人，领事可以代为向所在国有关部门提出请求。

**案例**

马来西亚航空 MH370 失联后，中国驻马使领馆在第一时间采取行动，与当地相关部门联系，并联系失联人员国内亲属，协助其前往马来西亚。

（4）如中国公民遭遇意外，可以协助将事故或损伤情况通知国内亲属。

**案例**

当地时间 2018 年 7 月 5 日 17 时 45 分左右，两艘载有 127 名中国游客的船只在返回普吉岛途中，遇特大暴风雨发生倾覆。事故已确认 47 人遇难。事故发生后，驻宋卡总领馆第一时间开通 24 小时服务绿色通道，积极协调当地医院和警方为办理证明提供一站式服务，为遇难者家属提供便捷高效服务。并协调国内地方工作组，启动后续处置工作，协

① 《领事保护典型案例》，中华人民共和国驻布里斯班总领事馆官网，2011 年 8 月 24 日，http：//www. fmprc. gov. cn/ce/cgbrsb/chn/lsfw/lshbh/t851237. htm。（上网时间：2018 年 7 月 24 日）

助安抚疏导家属情绪。[1]

（5）驻外领事馆可以根据中国法律法规，为在国外的中国公民颁发、换发、补发旅行证件并进行加注，同时，为遗失旅行证件或无证件的中国公民签发旅行证或回国证明。

**案例**

2013 年 7 月，韩亚航空一飞机在旧金山机场失事，且有中国公民死伤的情况。时任驻旧金山总领事的袁南生统筹全馆领事，第一时间启动应急机制，核实我公民伤亡情况并及时公布相关信息，派出多名领事到当地医院探访受伤中国乘客，并同航空公司、领团办、机场、警方、医院等部门保持密切联系。领馆签证组已开通快捷窗口，加班加点为在事故中丢失或损坏证件的中国乘客免费补办旅行证件。[2]

3. 领事官员不能为我们做什么？

（1）领事官员不可以为我们申办他国签证或办理签证延期；

（2）领事官员不可以为我们在当地谋职或申办居留证、工作许可证；

（3）领事官员不可以为我们提起诉讼，不可以替我们调查海外犯罪或死亡案件。有关申请应由当事人向所在国当局提出；

（4）领事官员不可以干预所在国的司法程序或法律事务，不可以

① 参见《普吉游船倾覆事故领事协助和服务工作取得阶段性进展》，中华人民共和国驻宋卡总领事馆官网，http：//songkhla. chineseconsulate. org/chn/xwdt/zlgxw/t1576198. htm。（上网时间：2018 年 7 月 24 日）

② 《驻旧金山总领事袁南生就韩亚航空坠机事件召开新闻发布会》，中华人民共和国外交部官网，2013 年 7 月 7 日，http：//www. fmprc. gov. cn/web/wjdt _674879/zwbd _674895/t1057396. shtml。（上网时间：2018 年 7 月 17 日）

仲裁或解决我们与他人的劳资争议、商业纠纷、刑事案件、子女抚养权纠纷或家庭事务；

**知识拓展**

在江某案和其他留学生失踪案中，中国的领事官员都在尽力为当事人及其亲属提供最大限度的协助，但通过大量报道均可发现，中方领事并未参与所在国的司法程序，这即领事的“有所不为”——领事官员在当地没有行政权力，不能干预所在国司法程序。

（5）领事官员不可以帮助我们在治疗、拘留或服刑期间获得比当地人更优的待遇；

（6）领事官员不可以为我们提供导游、翻译等服务，或为我们支付酒店、律师、翻译、医疗及旅行费用或任何其他费用；

（7）领事官员不可以将我们留宿在领馆内，或为我们保管行李物品；

（8）领事官员不可以为我们购买免税物品。

### （三）领事的分类

一般情况下，领事可分为两类：职业领事和名誉领事。

1. 职业领事

职业领事制度（Career Consular Institution）是指国家关于委派和接受职业领事官员以及与此有关的各项制度的总称。

**词汇拓展**

职业领事的别称　委派领事

受薪领事

专业领事

2. 名誉领事

名誉领事制度（The Institution of Honorary Consuls）泛指各国委派或接受名誉领事的制度。名誉领事又称选任领事，通常是一国政府从接受国当地居民中选任的执行领事职务的兼职官员，可以是派遣国国民，也可以是接受国国民或第三国国民。① 名誉领事大多数在当地社会上具有一定威望；有独立的经济收入；熟悉经济和贸易情况；和地方当局有很好的联系；通晓派遣国和接受国语言等。

**词汇拓展**

名誉领事的别称　选任领事

非职业领事

不受薪领事

商人领事

各国对待名誉领事的做法有所不同：

（1）国家委派并接受名誉领事，如英国、瑞士、巴西等国；

① 《领事常识》，中国领事服务网，http：//cs. mfa. gov. cn/gyls/lscs/。（上网时间：2018年7月22日）

（2）国家接受但不委派名誉领事，如美国、澳大利亚、新西兰等；

（3）国家既不接受也不委派名誉领事，如苏联和东欧国家（不包括南斯拉夫）。

**案例分析**

### 香港名流热心当外国驻港领事

“李泽钜是巴巴多斯驻港名誉领事，

董建成是摩纳哥驻港名誉领事，

郑裕彤是不丹驻港名誉领事，

胡应湘是克罗地亚驻港名誉领事，

邓永锵是古巴驻港名誉领事，

黄英豪是阿尔巴尼亚驻港名誉领事，

许智明是马达加斯加驻港名誉领事，

韩世灏是格林纳达驻港名誉领事……

城中名人热心担当59国驻港名誉领事，促进了香港与各国的友好及经贸往来……”①

◆ 问题思考

- 根据这则2008年的报道，总结担任名誉领事需具备哪些条件？
- 担任名誉领事应履行哪些职责？享有哪些权利？

① 《紫荆杂志：香港名流热心当外国驻港名誉领事》，中国新闻网，2008年10月11日，http：//www.chinanews.com/hb/news/2008/10－17/1416195.shtml。（上网时间：2018年7月23日）

**拓展阅读**

请阅读和观看《历史的记忆：粤商纪事》，了解晚清时期类领事职位的设置和特点。

陈芳，字国芬，清朝人。一八二五年生于广东香山县，一八四九年，二十四岁的陈芳随叔父到夏威夷首府檀香山经商。他从商店学徒做起，后来慢慢经营甘蔗种植和制糖业，到一八五六年便成为当地华侨中第一位百万富翁，被誉为“商界王子”。①

但陈芳在其商业发展的道路中遇到了瓶颈：清朝和夏威夷没有建立外交关系，华人也不能购置不动产。为了提高华人在夏威夷的地位、获取政治支持，在一八五六年夏威夷国王举办婚礼之后，陈芳斥巨资为国王举办了一次盛大的舞会，赢得了国王的赏识。这次舞会也使得他和王室公主朱莉亚相识。在后来的日子里，他们结为夫妇。

与公主联姻后，陈芳跻身夏威夷上流社会，又凭借雄厚财力助公主的表兄卡瓦卡努登上国王宝座，自己也以皇亲国戚的身份成为枢密院（立法院）议员。

一八七八年，陈芳到美国旧金山拜访了中国第一位驻美大使陈兰彬。陈芳向陈兰彬表达了希望清政府可以在夏威夷设立一个官方机构以保护当地华人利益的愿望。陈兰彬经过多次考察，听取各方意见，确认陈芳是一位难得的外交人才。同时夏威夷国确需有位官员料理当地的侨民事务，于是亲自向清政府总理衙门写了推荐报告，奏请推荐陈芳为夏威夷国首任领事的最佳人选。户部尚书也即启奏：“该岛国尚未与我国建交，可先委以商董之衔，待后再审定以领事衔称。”于是慈禧太后批

① 央视纪录片《粤商纪事（八）：领事商途》。

准，委任陈芳为“大清驻夏威夷王国第一任商董”。

中国就这样在夏威夷建立了自己的准外交机构——“中国驻夏威夷商业董事会”。1880年3月10日清晨，陈芳率领全家人，恭恭敬敬地站在别墅的大院里，奏起鼓乐，徐徐地升起大清王朝的国旗。

陈芳作为夏威夷王国的枢密院议员又兼任驻外国的领事官，直至1889年。①

## 三、情景体验

### 领事工作模拟

【情景1】在拉美某国遭抢劫丢失财物和证件的中国公民来到领事馆求助，作为领事，你能怎么帮助他呢？

角色：中国游客、抢劫犯、领事等。

【情景2】在非洲某国突发心脏疾病的中国劳工，当地医疗条件不佳，作为领事，你应该怎么帮助他呢？

角色：中国劳工，医务人员，企业代表，领事等。

## 四、本节小结

- 领事及相关概念的定义：领事、领事关系、领区、领事服务、

① 《陈兰彬推荐陈芳首任夏威夷国领事记略》，中国人民政治协商会议广东省湛江市委员会官网，2008年5月20日，http：//www. gdzjzx. gov. cn/Item/2333. aspx。（上网时间：2018年7月24日）

领事条约、领事公约。

- 领事的职责：领事能为我们做什么，不能为我们做什么。
- 领事的分类：职业领事和名誉领事。

## 五、推荐材料

### （一）书籍

《中国领事工作》编写组：《中国领事工作》，世界知识出版社 2014 年版。

张兵、梁宝山：《紧急护侨——中国外交官领事保护纪实》，新华出版社 2010 年版。

许育红：《公民领事服务指南》，法律出版社 2015 年版。

### （二）影像

《历史的记忆：粤商纪事》，2013 年。

### （三）网站

中国领事服务网，http：//cs. mfa. gov. cn/。

中国领事保护和协助指南，http：//cs. mfa. gov. cn/zggmzhw/lsbh/lbsc_660514/P020150430332905369480. pdf。

《维也纳领事关系公约》，http：//101. 96. 10. 63/legal. un. org/ilc/texts/instruments/english/conventions/9_2_1963. pdf。

# 第二节 侨务工作

## 一、案例导入

### 《闽南望族》

2015年1月23日旨在展示海内外闽南人“海纳百川”的文化包容性和“爱拼敢赢”创业精神的大型人文纪录片《闽南望族》在北京举行开机仪式。

纪录片《闽南望族》是由中国侨联、福建侨联指导和支持，福建省闽南文化发展基金会总策划，福建省闽南文化发展基金会、福建省新闻出版广电局和佳信控股集团联合出品，中侨传媒具体承制的。

据初步统计，全世界现有闽南人6000多万人，主要分布于福建闽南地区的厦门、漳州、泉州和中国台湾、香港、澳门及东南亚各国。①

闽南文化既是中华陆路文明的合理延伸，又是对海洋文化、外来文化的吐故纳新。在吸纳外来文化的同时，又将中华优秀文化传播辐射到海外，对海外（特别是东南亚）华侨华人产生着巨大影响。②

---

① 《探寻中华文化重要基因〈闽南望族〉在京开机》，海外网（人民日报海外版），2015年1月23日，http：//huaren. haiwainet. cn/n/2015/0123/c232657 –28342736. html。（上网时间：2018年11月9日）

② 《“21世纪海上丝绸之路”纪录片〈闽南望族〉在京开机》，新华网，2015年2月9日，http：//www. xinhuanet. com/world/2015 –02/09/c_127474744. htm。（上网时间：2018年11月9日）

◆ 问题思考

- 华侨就是华人吗？他们有什么区别呢？
- 华人华侨在中华文化传播中能起到哪些作用呢？
- 什么是侨联？侨联有什么作用呢？

## 二、知识理论

本节将从侨务工作的定义、华人华侨的分布和侨务机构介绍这三个方面来展开介绍。

### （一）侨务工作的定义

侨务工作是指针对华侨华人和归侨侨眷开展的各项工作。[①]

1. 华人的定义

外籍华人（Chinese of Foreign Nationality），简称华人，是指已加入外国国籍的原中国公民及其外国籍后裔，中国公民的外国籍后裔。[②]

2. 华侨的定义

华侨（Overseas Chinese）是指定居在国外的中国公民。

“定居”是指中国公民已取得住在国长期或者永久居留权，并已在住在国连续居留两年，两年内累计居留不少于18个月。

中国公民虽未取得住在国长期或者永久居留权，但已取得住在国连续5年以上（含5年）合法居留资格，5年内在住在国累计居留不少于30个月，视为华侨。

---

① 《中国领事工作》编写组：《中国领事工作》（上册），世界知识出版社2014年版，第313页。

② 《国务院侨务办公室关于印发〈关于界定华侨外籍华人归侨侨眷身份的规定〉的通知》，中国侨网，2014年5月24日，http：//www.chinaqw.com/zcyj/2014/04－29/2313.shtml。（上网时间：2018年11月13日）

中国公民出国留学（包括公派和自费）在外学习期间，或因公务出国（包括外派劳务人员）在外工作期间，均不视为华侨。①

3. 归侨的定义

归侨（Returned Overseas Chinese）是指回国定居的华侨。

“回国定居”是指华侨放弃原住在国长期、永久或合法居留权并依法办理回国落户手续。

外籍华人经批准恢复或取得中国国籍并依法办理来华落户手续的，视为归侨。②

**案例拓展**

## 时代楷模——黄大年

黄大年是我国著名的地球物理学家和国家“千人计划”专家。曾放弃海外丰厚待遇毅然决然回国献身于祖国的航空科学事业。回国十几年，他将全部的时间和精力都投入到工作中，带领团队创造了多项“中国第一”，为我国“巡天探地潜海”填补多项技术空白，为深地资源探测和国防安全建设作出突出贡献，被外媒评价为“一个让美航母舰队后退100海里的人”。一次他因为高强度工作晕倒，手里却还死死抱着自己的电脑，醒来后他的第一句话是：“我要是不行了，请把我的电脑交给国家，里面的研究资料很重要。”黄大年1958年8月28日生于广西

① 《国务院侨务办公室关于印发〈关于界定华侨外籍华人归侨侨眷身份的规定〉的通知》，中国侨网，2014年5月24日，http：//www.chinaqw. com/zcyj/2014/04－29/2313. shtml。（上网时间：2018年11月13日）

② 《国务院侨务办公室关于印发〈关于界定华侨外籍华人归侨侨眷身份的规定〉的通知》，中国侨网，2014年5月24日，http：//www.chinaqw. com/zcyj/2014/04－29/2313. shtml。（上网时间：2018年11月13日）

南宁，1996 年以排名第一的成绩获得英国利兹大学地球物理学博士学位，归国后任教于吉林大学。2017 年 1 月 8 日在长春病逝，年仅 58 岁。①

2017 年 5 月 26 日，中央宣传部向全社会公开宣传发布“践行社会主义核心价值观的优秀知识分子”黄大年的先进事迹，追授黄大年同志“时代楷模”荣誉称号。②

4. 侨眷的定义

侨眷（Family Members of Overseas of Chinese）是指华侨、归侨在国内的眷属。

（1）侨眷包括：华侨、归侨的配偶，父母，子女及其配偶，兄弟姐妹，祖父母、外祖父母，孙子女、外孙子女，以及同华侨、归侨有长期扶养关系的其他亲属。

（2）外籍华人在中国境内的具有中国国籍的眷属视为侨眷，其范围比照本条第（1）款。③

### （二）华人华侨的分布

截至 2020 年，海外华人华侨总数已超过六千万，分布在 198 个国

① 《清明缅怀：致敬逝去的十位国家脊梁》，中国西藏网，2018 年 4 月 4 日，http://www.tibet.cn/cn/edu/201804/t20180404_5614224.html。（上网时间：2018 年 12 月 22 日）

② 《【时代楷模发布厅】中宣部追授黄大年“时代楷模”荣誉称号》，共产党员网，2017 年 5 月 27 日，http://news.cctv.com/2017/05/27/ARTIAeOwMsjKDqpzj2V2BUsj170527.shtml。（上网时间：2018 年 12 月 22 日）

③ 《国务院侨务办公室关于印发〈关于界定华侨外籍华人归侨侨眷身份的规定〉的通知》，中国侨网，2014 年 5 月 24 日，http://www.chinaqw.com/zcyj/2014/04-29/2313.shtml。（上网时间：2018 年 11 月 13 日）

家和地区。[①] 亚洲的华侨华人最多，美洲、欧洲次之，大洋洲也有相当数量，非洲最少。华侨华人在亚洲主要集中在东南亚的印度尼西亚、泰国、马来西亚、新加坡、菲律宾、越南、柬埔寨、缅甸等国；在美洲主要集中在美国、加拿大、秘鲁、巴西等国。在欧洲主要在法国、英国、德国、荷兰、意大利、西班牙等国。澳大利亚和太平洋岛屿等国家和地区的华侨华人集中在澳大利亚和新西兰。非洲华侨华人主要集中在南非、马达加斯加、尼日利亚、留尼汪等国家和地区。[②] 根据《世界侨情报告（2020）》，2019年中国海外移民（包括华侨、移民入籍的第一代华人、留学生等）的数量有所增长，中国海外移民人数累计为1070万。在美国华侨华人达508万，在日本华侨华人总数突破100万人[③]。

### （三）侨务机构

中国的主要侨务机构有中共中央统战部、全国人大侨委会、全国政协港澳台侨委员会、外交部、国务院侨务办公室、中华全国归国华侨联合会、中国致公党等。

#### 1. 中国中央统一战线工作部

中国中央统一战线工作部，简称中共中央统战部。自20世纪30年代中国抗日民族统一战线形成后，中国共产党就开始设置专门的统战工作机构。1948年9月，中共中央决定“将中央城区工作部改名为中央

---

① 《半月谈：“血脉之根”在潮汕》，新华社，2020年11月9日，http://api.xinhua-news.com/newroute/newsdetail/1010020201106000000782?dest=AlHoXnbzybHXt9nHRqhZTa1rys-5X2Xzg2calh5j0LKd0。（上网时间：2022年11月21日）

② 《领事常识》，中国领事服务网，http://cs.mfa.gov.cn/gyls/lscs/。（上网时间：2018年12月5日）

③ 张春旺、张秀明、胡修雷：《世界侨情报告（2020）》，社会科学文献出版社2021年版，第20—22页。

统一战线工作部”，其职责之一就是开展华侨工作。①

根据中共中央2018年3月印发的《深化党和国家机构改革方案》第十五项规定，中央统战部统一管理侨务工作。为加强党对海外统战工作的集中统一领导，更加广泛地团结联系海外侨胞和归侨侨眷，更好发挥群众团体作用，将国务院侨务办公室并入中央统战部。中央统战部对外保留国务院侨务办公室牌子。

调整后，中央统战部在侨务方面的主要职责是，统一领导海外统战工作，管理侨务行政事务，负责拟订侨务工作政策和规划，调查研究国内外侨情和侨务工作情况，统筹协调有关部门和社会团体涉侨工作，联系香港、澳门和海外有关社团及代表人士，指导推动涉侨宣传、文化交流和华文教育工作等。②

2. 中华人民共和国国务院侨务办公室

中华人民共和国国务院侨务办公室（又简称“国侨办”）隶属于中央统战部，主要负责侨民方面事务。③ 主要内设机构包括秘书行政司、政策法规司、国内司、国外司（港澳台司）、经济科技司（投诉协调司）、宣传司、文化司和机关党委、人事司共八个职能司。

其主要职责有：

（1）负责拟订侨务工作政策和规划，起草相关法律法规草案并督促检查贯彻落实情况。

---

① 《中国领事工作》编写组编：《中国领事工作》（上册），世界知识出版社2014年版，第313页。

② 《中共中央印发〈深化党和国家机构改革方案〉》，新华网，2018年3月21日，http：//www.xinhuanet.com/politics/2018－03/21/c_1122570517.htm。（上网时间：2018年11月26日）

③ 《中共中央印发〈深化党和国家机构改革方案〉》，新华网，2018年3月21日，http：//www.xinhuanet.com/politics/2018－03/21/c_1122570517.htm。（上网时间：2018年11月26日）

（2）调查研究国内外侨情和侨务工作情况，向党中央、国务院提供侨务信息，组织开展侨务政策、理论和侨务工作重大问题的调查研究，负责向涉侨部门通报侨务工作情况。

（3）协助国务院总理办理侨务事项，统筹协调有关部门和社会团体涉侨工作，指导地方有关部门侨务工作，协同外交部指导我驻外使领馆侨务工作。

（4）指导归侨侨眷工作，依法组织协调归侨侨眷和华侨华人在国内合法权益维护工作，配合有关部门研究处置涉侨突发事件，参与重大涉侨捐赠监督工作，协助有关部门做好归侨侨眷代表人士的人事安排工作。

（5）负责指导、开展对华侨华人及其社团的联谊和服务工作，开展香港、澳门特别行政区侨界的联谊工作，会同有关部门开展侨务对台工作，承办有关审批事宜。

（6）指导、推动涉侨经济、科技合作与交流，协调涉侨经济投诉工作。

（7）指导、推动涉侨宣传、文化交流和华文教育工作。

（8）承办国务院交办的其他事项。①

除了国侨办以外，各省、市均设有各地方侨办。

**案例拓展**

## 文化中国，四海同春

“文化中国·四海同春”是由国务院侨办和中国海外交流协会主

① 《侨办介绍》，国务院侨务办公室官网，http：//www. gqb. gov. cn/zyzn/index. shtml。（上网时间：2018 年 11 月 27 日）

办，以春节为契机，组织中国高水平艺术团组赴海外开展慰侨演出，与海外侨胞共庆农历新年。[①] 自2009到2018年，十年来，“四海同春”深入侨心，被侨胞们亲切地称为“海外春晚”。[②]

2018年的访演于2月4日在香港红磡体育馆首秀。而后，各支艺术团分赴北美、南美、亚洲、欧洲、大洋洲16个国家和地区的29座城市，共演出33场。演出阵容极为庞大，包含阎维文、杨洪基、莫华伦、蔡国庆、王宏伟、吕薇等多位知名艺术家，囊括中国东方演艺集团、中国歌舞剧院、中国杂技团、中国铁路文工团、北京舞蹈学院等多个优秀艺术院团，共330余位演职人员。

“四海同春”给予民族文化更多走向世界的机会，让原汁原味的国粹在海外绽放。[③]

---

3. 中华全国归国华侨联合会

中华全国归国华侨联合会（简称“中国侨联”）是由全国归侨、侨眷组成的全国性人民团体，是党和政府联系广大归侨、侨眷和海外侨胞的桥梁和纽带。中国侨联是全国性的一级人民团体，是全国政协的组成单位，各级侨联与同级工会、青年团、妇联等人民团体享有同等待遇。

《归侨侨眷权益保护法》第八条规定：“中国侨联和地方侨联代表归侨、侨眷的利益，依法维护归侨、侨眷的合法权益。”第二十三条还规定：“归侨、侨眷合法权益受到侵害时，被侵害人有权要求主管部门

---

① 《四海同春十岁了 今年春节它到谁家，带来哪些惊喜?》，中国侨网，2018年1月27日，http：//www. chinaqw. com/zhwh/2018/01 –27/176878. shtml。（上网时间：2019年1月20日）

② 《十年访演路“四海同春”深入侨心》，中国侨网，2018年3月8日，http：//www. chinaqw. com/zhwh/2018/03 –08/181139. shtml。（上网时间：2019年1月20日）

③ 《2018“文化中国·四海同春”慰侨访演圆满收官》，中国侨网，2018年3月7日，http：//www. chinaqw. com/zhwh/2018/03 –07/181039. shtml。（上网时间：2019年1月20日）

依法处理，或者向人民法院提起诉讼。归国华侨联合会应给予支持和帮助。”侨联的性质决定了为侨服务是我们的根本宗旨，侨联的基本职能是“群众工作、参政议政、维护侨益、海外联谊”。①

中国侨联在各省、市还设有地方侨办为各地侨民提供服务。

**案例拓展**

### 中国华侨历史博物馆

中国华侨历史博物馆是中国侨联直属事业单位，是首家全面展示中国移民史、移民现状的国家专题博物馆，现有藏品近2万件（套），坐落于北京市东城区东直门内北小街。

1960年，著名爱国侨领、中国侨联首任主席陈嘉庚先生倡议在首都北京兴建中国华侨历史博物馆。2011年9月，博物馆奠基建设，2014年10月落成，位于北京市东城区东直门内北小街。馆舍外观由仿古四合院与现代建筑组成，主体建筑高18米，分为地上3层，地下2层，建筑面积12765平方米。建筑装饰中具有侨居国文化元素的色彩斑斓图案和馆内陈设，营造出华侨文化氛围。②

4. 中国致公党

中国致公党是以归侨、侨眷中的中上层人士和其他有海外关系的代表性人士为主组成的、具有政治联盟特点的政党，是中国共产党领导的

① 《中国侨联简况》，中华全国归国华侨联合会官网，2018年6月22日，http://www.chinaql.org/n1/2018/0622/c419629-30075909.html。（上网时间：2018年11月27日）

② 《中国华侨历史博物馆》，中华全国归国华侨联合会官网，2018年6月21日，http://www.chinaql.org/n1/2018/0621/c419640-30072686.html。（上网时间：2018年12月22日）

多党合作和政治协商制度中的中国特色社会主义参政党。

中国致公党由华侨社团美洲致公堂发起，1925 年 10 月在美国旧金山成立。长期以来，中国致公党为争取国家独立、民族解放和维护华侨的正当权益而奋斗，在世界反法西斯战争特别是祖国的抗日斗争中做出了自己的贡献。1947 年 5 月，中国致公党在香港举行第三次代表大会，进行改组，从此走上了接受中国共产党的领导、同中国共产党真诚合作、共同奋斗的道路，为新民主主义革命的胜利和建立新中国，为社会主义革命和建设事业，为推进改革开放和祖国统一大业做出了积极贡献。

目前，致公党在北京、上海、天津、重庆、广东、广西、福建、云南、四川、江苏、浙江、辽宁、湖南、安徽、山东、海南、贵州、湖北、陕西、河南、江西等自治区（省）设有组织机构。①

---

**历史拓展**

## "五一口号"

2018 年 4 月 19 日，中央统战部组织各民主党派中央负责人和无党派人士代表赴西柏坡、李家庄参观学习并举行座谈会，纪念中共中央发布"五一口号"70 周年。②

1948 年 4 月，临近"五一"国际劳动节，按照当时的惯例，中共中央会通过新华社对外作出专门决定，发表宣言、口号。时任新华社社

---

① 《致公党简介》，中国致公党官网，http：//www. zg. org. cn/zgdjj/。（上网时间：2018 年 12 月 22 日）

② 《纪念中共中央发布"五一口号"70 周年 各民主党派中央负责人和无党派人士代表赴西柏坡、李家庄参观学习》，2018 年 4 月 19 日，http：//www. xinhuanet. com/politics/2018－04/19/c_1122710837. htm? baike。（上网时间：2019 年 1 月 2 日）

长廖承志随即给中央发来电报，询问中央在“五一”有什么重要事情发布。当这封电报摆在毛泽东和周恩来的面前时，两位领导人认为中共中央目前确实有必要发布某种“口号”来揭露国民党的假民主，宣传中国共产党的政策和政治主张。于是“五一口号”初稿很快起草出来并由毛泽东修改完善。

其中的第五条被修改为：“各民主党派、各人民团体、各社会贤达，迅速召开政治协商会议，讨论并实现召集人民代表大会、成立民主联合政府”。得到了民主党派和无党派人士的热烈响应。①

## 三、情景体验

### 使馆迎新晚会

假如你是中国驻俄大使馆官员，20××年即将过去，为了迎接新年使馆准备举办一场迎春晚会，主题为“团圆中华情，展望新时代”。作为此项活动的负责人，你该怎么做呢？该如何分配任务？应该邀请哪些人员前来参加？应该准备什么活动？晚会上的节目应该如何安排？来宾座位顺序该如何安排？请思考并做出一份策划方案。

角色：负责人A、使馆工作人员B、使馆工作人员C、来宾D等。

## 四、本节小结

- 侨务工作相关概念：华侨、华人、归侨、侨眷、侨务工作。

① 《河北保定市阜平县城南庄镇“五一口号”从这里发出》，人民网，2018年5月1日，http://politics.people.com.cn/n1/2018/0501/c1001-29958647.html。（上网时间：2019年1月2日）

- 中国主要的涉侨部门。
- 华人华侨的贡献。

## 五、推荐材料

### （一）文献

钱江：《海外华人研究（第一辑）》，暨南大学出版社 2018 年版。

贾益民、张禹东、庄国土、陈文寿、游国龙：《华侨华人研究报告（2017）》，社会科学文献出版社 2019 年版。

张春旺、张秀明、胡修雷：《世界侨情报告（2020）》，社会科学文献出版社 2021 年版。

### （二）影像

《闽南望族》，2021 年。

《我来自中国》，2018 年。

《孙中山与华侨华人》，2016 年。

### （三）网站

中国侨网，http：//www. chinaqw. com。

国务院侨务办公室官网，http：//www. gqb. gov. cn。

中华全国归国华侨联合会官网，http：//www. chinaql. org。

美国华人联合总会网站，http：//chinese－usa. org。

中国致公党官网，http：//mobile. zg. org. cn。

# 第三节　领事与外交

## 一、案例导入

### 美印外交风波

2013年12月12日，39岁的印度驻纽约副总领事柯布拉加德在送女儿上学时遭纽约警方逮捕，警方指控柯布拉加德采用欺诈手段为其佣人获得美国签证并拖欠佣人工资。检察官称，科布拉加德提供的签证文件表明，她至少每小时应付给她的印度籍管家9.75美元，这是纽约最低工资，但实际上，她付的薪水还不到3.31美元，且每周工作时间超过40小时。

相比科布拉加德所受的指控，引起轩然大波的是她被捕后的遭遇。印度媒体称，科布拉加德被捕后，被多次脱衣检查，并进行DNA鉴定。在拘留期间，她还被与其他罪犯关押在一起，其中甚至还有吸毒者。

美司法部门发表声明称，确认像普通疑犯一样对科布拉加德进行了拘押。此举引发印度强烈抗议。时任印度总理辛格表示，科布拉加德的经历“凄惨可悲”。印度政府召见美驻印大使表达抗议，并立即剥夺美驻印外交官特权。

在美国方面，法警服务局称，警方做法符合规定。对此，印度方面也做出了相应的回应。

最终，在交纳25万美元保证金并交出护照后，科布拉加德获得保释。①

◆ 问题思考

- 为什么美方称印度驻纽约副总领事只享有部分“外交豁免权”？
- 领事与外交有什么区别与联系？
- 领事特权豁免权与外交特权豁免权有什么区别与联系？

## 二、知识理论

本节将从四个方面展开有关领事与外交的具体讲解：领事和外交的区别与联系、外交代表机构与领事机关、《维也纳外交关系公约》和《维也纳领事关系公约》、领事特权与豁免权和外交特权与豁免权。

### （一）领事与外交的区别与联系

1. 领事关系

领事关系是指一国官员被允许在另一国领土上行使领事职务所形成的两个国家之间关系的总称。②

作为国与国官方间进行经常联系的一种形式，外交关系是不可缺少的组成部分，也是国家处理和发展对外关系的重要手段，在国际关系中起着重要的政治作用。两国在未建交之前建立的领事关系是两国唯一经常性的国家关系，是两国官方进行经常性联系的一种形式，为两国建立

① 《女外交官纽约受辱 惹恼印度以牙还牙》，新京报网，2013年12月19日，http://www.bjnews.com.cn/world/2013/12/19/298144.html。（上网时间：2018年10月17日）

② 钱其琛主编：《世界外交大辞典：A－L》（上册），世界知识出版社2005年版，第1219页。

外交关系疏通道路。

2. 外交关系

外交关系是指两国间根据主权平等的原则，在相互承认的基础上达成协议，建立起来的官方关系。外交关系是国家间的基本关系，是国家关系正常化的标志。两国建立外交关系后，一般均互派使节并互设使馆。外交关系的级别按互派使节的级别区分。1961 年《维也纳外交关系公约》第十四条，把使节分为三级：大使级、公使级、代办级。外交关系的级别在建交国间是对等的。建立何种级别外交关系，由当事国在建交过程中商定并明确载于建交公报或其他建交文书。外交关系可以升格，也可以降格。升格表示建交国之间关系的发展，一般由双方协议予以确定；降格表示建交双方关系的恶化，一般单方宣布，无须谈判。①

3. 领事与外交的区别与联系

两者的联系：

二者都是根据国家协议为执行外交政策而常驻外国的机构。

在派遣国的国内行政管理中，都由一国的外交部领导。

两者的区别：

领馆一般只在接受国的领区内，执行各种由相关条约和法律所规定或依国际惯例所实行的领事职务；使馆在接受国中“代表派遣国”，处理与接受国间的全部外交事务。

领馆一般只能与领区内的地方主管当局联系或办理交涉；使馆有权“与接受国政府办理交涉”。

领馆一般仅限于保护本馆辖区内的派遣国及其国民的利益；使馆保护接受国全境内的派遣国及其国民的利益。

---

① 钱其琛主编：《世界外交大辞典：M－Z》（下册），世界知识出版社 2005 年版，第 2048 页。

领馆和使馆虽均有促进两国友好关系的职务，但两者在性质和层次上有差别。

领事官员只有在一定条件下准予承办外交事务，而外交代表可同时执行领事职务。

领事与外交的特权与豁免权不同。如印度驻纽约副总领事只享有部分“外交豁免权”，由于工作之外的民事纠纷而遭美国纽约警方逮捕指控。

建立外交关系必然建立领事关系，断绝外交关系不必然断绝领事关系。

### （二）外交代表机构与领事机关

1. 外交代表机构及外交人员的等级划分

根据《维也纳外交关系公约》，国家之间外交关系的建立应以双方协议进行。外交关系的建立也往往是由国家之间互建的常设外交机构所体现的。

外交代表机构一般分为三级：大使馆、公使馆、代办处。

大使是指派遣国元首向接受国元首派出的最高一级的使节，其代表本国及其元首与接受国办理相关外交事务。大使享有使馆馆长中的最高礼遇。

公使是指一国元首向接受国元首派出的第二级使节，享有与大使相同的职权，只是在礼遇上稍逊于大使。

代办是指两国代办级关系，通常表明在政治上两国关系此时不是处于完全友好健康的状态。我国学者将其称为“半外交关系”。

在大使馆里工作的人员大致上可以分为三类，即外交官员、行政事务及技术职员和当地雇员。[①]

---

① 《使馆人员的构成》，中华人民共和国驻哥德堡总领事馆官网，https：//www.fmprc.gov.cn/ce/cggb/chn/ztlm/gtbfyrth/dsghwjg/t214410.htm。（上网时间：2018 年 10 月 15 日）

使馆的一般外交人员是指具有外交职衔的使馆人员，包括参赞、武官、外交秘书和随员。行政技术人员包括译员、工程师、行政主管、会计等；服务人员包括司机、清洁工、修理工等。

2. 领事机关的定义及其组成

领事机关是指在国家机关及其派驻外国的代表机关中代表国家执行领事政策和领事职务的职能部门。

领事机关由中央领事机关和驻外领事机关两部分组成。

中央领事机关一般设在外交部，通常称领事司或领事局，是国家领事工作的归口单位。在外交部领导下工作，通常由一位副部长分工主管，领事司司长主持日常工作。

驻外领事机关是指大使馆领事部和驻外国各级领馆，包括本国选任的名誉领事官员为馆长的领馆。

3. 国内外领事机构

国内领事机关一般设在外交部，通常称领事司或领事局，是国家领事工作的归口单位。在外交部领导下工作，通常由一位副部长分工主管，领事司司长主持日常工作。

驻外领事机关是指大使馆领事部和驻外国各级领馆，包括本国选出的名誉领事官员为馆长的领馆。

领事馆的人员安排一般为：总领事（馆长）、副领事（副馆长）、若干领事和副领事等官员以及适量的工作人员。如：政治新闻组、领事侨务组、签证护照组、商务组、科技组、文化组、教育组和办公后勤组。

### （三）《维也纳领事关系公约》和《维也纳外交关系公约》

1. 《维也纳领事关系公约》

《维也纳领事关系公约》是第一个全面规定领事关系准则的全球性

国际公约。

二战后，各国普遍重视领事制度在国际关系中的重要作用，要求对领事关系准则在世界范围内尽可能地给予统一和确定。1949 年联合国国际法委员会选定“领事往来及豁免”为专题着手编纂领事法规，并于 1955 年制定专题报告员雅罗斯拉夫·佐雷克（Jaroslav Zourek）进行研究和起草条款。1957 年佐雷克提出《领事往来及豁免临时条款草案》（通称《佐雷克报告》）。1961 年国际法委员会在征求各国政府意见的基础上向联合国大会提出《领事往来及豁免条款草案》，建议召开国际会议讨论制定一个国际公约。1963 年 3 月 4 日，联合国在维也纳召开关于领事关系的国际会议，91 国代表参加。4 月 22 日通过该公约，4 月 24 日有 31 国签署。1967 年 3 月 19 日公约生效。与该公约同时通过的还有《维也纳领事关系公约关于取得国籍之任择议定书》和《维也纳领事关系公约关于强制解决争端之任择议定书》。

中华人民共和国于 1979 年 7 月 3 日向联合国秘书长递交了加入书，8 月 1 日起该公约对中国生效。①

2. 《维也纳外交关系公约》

《维也纳外交关系公约》于 1961 年联合国外交往来和豁免会议通过。1964 年 4 月 24 日生效。公约全面规定使馆职务，使馆人员的派遣、接受和位次，使馆和使馆人员的特权和豁免，是当今关于外交关系制度最重要的国际法文书。

中国于 1975 年 11 月 25 日加入，同时对公约第十四条和第十六条关于教廷使节的规定，对第三十七条第 2、3、4 款关于使馆行政技术职员、事物职员及使馆人员的私人仆役享受外交特权与豁免的规定，做了

① 钱其琛主编：《世界外交大辞典：M－Z》（下册），世界知识出版社 2005 年版，第 2073—2074 页。

保留。后于1980年9月15日撤回对第三十七条的保留。①

**（四）领事特权与豁免权和外交特权与豁免权**

请阅读附录《维也纳外交关系公约》和《维也纳领事关系公约》，总结外交和领事在馆址和人员方面的特权与豁免权的内容，比较相似点与不同点。

通过阅读比较，外交和领事在馆址和人员方面的特权与豁免权内容主要包括：

1. 领馆的特权与豁免权和使馆的特权与豁免权

（1）使用国旗、国徽方面

《维也纳领事关系公约》第二十九条：

①派遣国有权依本条之规定在接受国内使用本国之国旗与国徽；

②领馆所在之建筑物及其正门上，以及领馆馆长寓邸与执行公务时乘用之交通工具上得悬挂派遣国国旗并揭示国徽。②

《维也纳外交关系公约》第二十条：使馆及其馆长有权在使馆馆舍，及在使馆馆长寓邸与交通工具上使用派遣国之国旗或国徽。③

（2）馆舍不可侵犯方面

《维也纳领事关系公约》第三十一条：

①领馆馆舍于本条所规定之限度内不得侵犯。

②接受国官吏非经领馆馆长或其指定人员或派遣国使馆馆长同意，

---

① 钱其琛主编：《世界外交大辞典：M－Z》（下册），世界知识出版社2005年版，第2075页。

② 《维也纳领事关系公约（第29条）》，联合国公约和宣言检索系统，http：//www. un. org/zh/documents/treaty/ILC－1963。（上网时间：2018年10月16日）

③ 《维也纳外交关系公约（第20条）》，联合国公约和宣言检索系统，http：//www. un. org/zh/documents/treaty/UNCITRAL－1961。（上网时间：2018年10月16日）

不得进入领馆馆舍中专供领馆工作之用之部分。惟遇火灾或其他灾害须迅速采取保护行动时，得推定领馆馆长已表示同意。

③除本条第二项另有规定外，接受国负有特殊责任，采取一切适当步骤保护领馆馆舍免受侵入或损害，并防止任何扰乱领馆安宁或有损领馆尊严之情事。

④领馆馆舍、馆舍设备以及领馆之财产与交通工具应免受为国防或公用目的而实施之任何方式之征用。如为此等目的确有征用之必要时，应采取一切可能步骤以免领馆职务之执行受有妨碍，并应向派遣国为迅速、充分及有效之赔偿。①

《维也纳外交关系公约》第二十二条：

①使馆馆舍不得侵犯。接受国官吏非经使馆馆长许可，不得进入使馆馆舍。

②使馆馆舍及设备，以及馆舍内其他财产与使馆交通工具免受搜查、征用、扣押或强制执行。②

---

**案例拓展**

2016 年 1 月 2 日晚伊朗民众在沙特驻伊朗大使馆前举行示威活动，并冲击大使馆。伊朗外交部呼吁民众保持冷静。

据伊朗塔斯尼姆通讯社报道，示威民众在沙特驻伊朗使馆前高喊抗议口号，有人向使馆内投掷燃烧弹。几名抗议者闯入使馆内，打砸门窗，并在楼内放火，现场浓烟滚滚。

---

① 《维也纳领事关系公约（第 31 条）》，联合国公约和宣言检索系统，http：//www.un.org/zh/documents/treaty/ILC－1963。（上网时间：2018 年 10 月 16 日）

② 《维也纳外交关系公约（第 22 条）》，联合国公约和宣言检索系统，http：//www.un.org/zh/documents/treaty/UNCIRTAL－1961。（上网时间：2018 年 10 月 16 日）

伊朗警察和安全人员随后驱散示威人群，控制住现场局势，逮捕数名抗议者。

沙特内政部2日称，该国司法机关当天在全国处决了47名犯有恐怖主义罪行的囚犯。据报道，被处决者中包括一名宗教人士。伊朗外交部已就此向沙特提出了强烈抗议。①

(3) 通讯自由方面

《维也纳领事关系公约》第三十五条第三项：

领馆邮袋不得予以开拆或扣留。但如接受国主管当局有重大理由认为邮袋装有不在本条第四项所称公文文件及用品之列之物品时，得请派遣国授权代表一人在该当局前将邮袋开拆。如派遣国当局拒绝此项请求，邮袋应予退回至原发送地点。②

《维也纳外交关系公约》第二十七条第三项：

外交邮袋不得予以开拆或扣留。③

(4) 探访、交谈方面

《维也纳领事关系公约》第三十六条第一项：

①领事官员得自由与派遣国国民通讯及会见。派遣国国民与派遣国领事官员通讯及会见应有同样自由。

②遇有领馆辖区内有派遣国国民受逮捕或监禁或羁押候审或受任何其他方式之拘禁之情事，经其本人请求时，接受国主管当局应迅即通知

① 《沙特驻伊朗大使馆遭示威者冲击》，新华网，2016年1月3日，http：//www.xinhuanet.com//world/2016-01/03/c_1117651863.htm。(上网时间：2018年10月24日)

② 《维也纳领事关系公约（第35条）》，联合国公约和宣言检索系统，http：//www.un.org/zh/documents/treaty/ILC-1963。(上网时间：2018年10月16日)

③ 《维也纳外交关系公约（第27条）》，联合国公约和宣言检索系统，http：//www.un.org/zh/documents/treaty/UNCITRAL-1961。(上网时间：2018年10月16日)

派遣国领馆。受逮捕、监禁、羁押或拘禁之人致领馆之信件亦应由该当局迅予递交。该当局应将本款规定之权利迅即告知当事人。

③领事官员有权探访受监禁、羁押或拘禁之派遣国国民，与之交谈或通讯，并代聘其法律代表。领事官员并有权探访其辖区内依判决而受监禁、羁押或拘禁之派遣国国民。但如受监禁、羁押或拘禁之国民明示反对为其采取行动时，领事官员应避免采取此种行动。①

《维也纳外交关系公约》第四十一条第二项：

接使馆承派遣国之命与接受国洽商公务，概应径与或经由接受国外交部或另经商定之其他部办理。②

**案例拓展**

2018 年 8 月 15 日俄罗斯外交部发言人扎哈罗娃表示，莫斯科对英国拒绝俄领事探视斯克里帕利父女一事表示震惊，她在记者会上说："缺少有关斯克里帕利父女健康状况和下落的信息使俄方深感担忧，当然，我们对英方接连拒绝俄领事探视他们表示震惊。"

2018 年 3 月 4 日，俄前特工斯克里帕利及其女儿尤利娅在英国索尔兹伯里市街头一张长椅上昏迷不醒。英国政府称，致斯克里帕利父女中毒的是 A234 毒剂，认定俄与此事有关。但俄方对此坚决否认。斯克里帕利 5 月中旬在医治疗程结束后出院，尤利娅也已于 4 月中旬出院。③

---

① 《维也纳领事关系公约（第 36 条第一项）》，联合国公约和宣言检索系统，http：//www. un. org/zh/documents/treaty/ILC－1963。（上网时间：2018 年 10 月 16 日）

② 《维也纳外交关系公约（第 41 条第二项）》，联合国公约和宣言检索系统，http：//www. un. org/zh/documents/treaty/UNCITRAL－1961。（上网时间：2018 年 10 月 24 日）

③ 《英多次拒绝俄领事探访间谍中毒案父女　俄：震惊》，中新网，2016 年 1 月 3 日，http：//sports. chinanews. com/gj/2018/08－15/8600991. shtml。（上网时间：2018 年 10 月 24 日）

2. 领事人员的特权与豁免和外交人员特权与豁免的区别

（1）人身自由或尊严受保护、人身不受侵犯方面

《维也纳领事关系公约》第四十条：

接受国对于领事官员应表示适当尊重并应采取一切适当步骤以防其人身自由或尊严受任何侵犯。接受国对于领事官员应表示适当尊重并应采取一切适当步骤以防其人身自由或尊严受任何侵犯。

《维也纳领事关系公约》第四十一条：

①领事官员不得予以逮捕候审或羁押候审，但遇犯严重罪行之情形，依主管司法机关之裁判执行者不在此列。

②除有本条第一项所规定之情形外，对于领事官员不得施以监禁或对其人身自由加以任何其他方式之拘束，但为执行有确定效力之司法判决者不在此限。

③如对领事官员提起刑事诉讼，该员须到管辖机关出庭。惟进行诉讼程序时，应顾及该员所任职位予以适当之尊重，除有本条第一项所规定之情形外，并应尽量避免妨碍领事职务之执行。遇有本条第一项所称之情形，确有羁押领事官员之必要时，对该员提起诉讼，应尽速办理。①

《维也纳外交关系公约》第二十九条：

外交代表人身不得侵犯。外交代表不受任何方式之逮捕或拘禁。接受国对外交代表应特示尊重，并应采取一切适当步骤以防止其人身、自由或尊严受有任何侵犯。②

① 《维也纳领事关系公约（第40、41条）》，联合国公约和宣言检索系统，http：//www.un.org/zh/documents/treaty/ILC－1963。（上网时间：2018年10月16日）

② 《维也纳外交关系公约（第29条）》，联合国公约和宣言检索系统，http：//www.un.org/zh/documents/treaty/UNCITRAL－1961（上网时间：2018年10月16日）。

（2）管辖豁免方面

《维也纳领事关系公约》第四十三条：

①领事官员及领馆雇员对其为执行领事职务而实施之行为不受接受国司法或行政机关之管辖。

②惟本条第一项之规定不适用于下列民事诉讼：

a. 因领事官员或领馆雇员并未明示或默示以派遣国代表身份而订契约所生之诉讼；

b. 第三者因车辆船舶或航空机在接受国内所造成之意外事故而要求损害赔偿之诉讼。①

《维也纳外交关系公约》第三十一条

①外交代表对接受国之刑事管辖享有豁免。除下列案件外。外交代表对接受国之民事及行政管辖亦享有豁免：

a. 关于接受国境内私有不动产之物权诉讼，但其代表派遣国为使馆用途置有之不动产不在此列；

b. 关于外交代表以私人身份并不代表派遣国为遗嘱执行人、遗嘱管理人、继承人或受遗赠人之继承事件之诉讼；

c. 关于外交代表于接受国内在公务范围以外所从事之专业或商务活动之诉讼。②

（3）作证义务方面

《维也纳领事关系公约》第四十四条：

①领馆人员得被请在司法或行政程序中到场作证。除本条第三项所称之情形外，领馆雇员或服务人员不得拒绝作证。如领事官员拒绝作

---

① 《维也纳领事关系公约（第 43 条）》，联合国公约和宣言检索系统，http：//www. un. org/zh/documents/treaty/ILC－1963。（上网时间：2018 年 10 月 16 日）

② 《维也纳外交关系公约（第 31 条第一项）》，联合国公约和宣言检索系统，http：//www. un. org/zh/documents/treaty/UNCITRAL－1961。（上网时间：2018 年 10 月 16 日）

证，不得对其施行强制措施或处罚。

②要求领事官员作证之机关应避免对其执行职务有所妨碍。于可能情形下得在其寓所或领馆录取证言，或接受其书面陈述。

③领馆人员就其执行职务所涉事项，无担任作证或提供有关来往公文及文件之义务。领馆人员并有权拒绝以鉴定人身分就派遣国之法律提出证言。[①]

《维也纳外交关系公约》第三十一条第二项：

外交代表无以证人身份作证之义务。[②]

（4）其他特权和豁免方面

《维也纳领事关系公约》第四十六条：免除外侨登记及居留证

①领事官员及领事雇员，以及与其构成同一户口之家属应免除接受国法律规章就外侨登记及居留证所规定之一切义务。

②但本条第一项之规定对于任何非派遣国常任雇员，或在接受国内从事私人有偿职业之领馆雇员，应不适用，对于此等雇员之家属，亦不应适用。[③]

《维也纳领事关系公约》第四十七条：免除工作证

①领馆人员就其对派遣国所为之服务而言，应免除接受国关于雇用外国劳工之法律规章所规定之任何有关工作证之义务。

②属于领事官员及领馆雇员之私人服务人员，如不在接受国内从事

---

① 《维也纳领事关系公约（第44条）》，联合国公约和宣言检索系统，http：//www.un.org/zh/documents/treaty/ILC－1963（上网时间：2018年10月16日）。

② 《维也纳外交关系公约（第31条第二项）》，联合国公约和宣言检索系统，http：//www.un.org/zh/documents/treaty/UNCITRAL－1961。（上网时间：2018年10月16日）

③ 《维也纳领事关系公约（第46条）》，联合国公约和宣言检索系统，http：//www.un.org/zh/documents/treaty/ILC－1963。（上网时间：2018年10月16日）

其他有偿职业，应免除本条第一项所称之义务。[①]

《维也纳外交关系公约》第三十七条：

①外交代表之与其构成同一户口之家属，如非接受国国民，应享有第二十九条至三十六条所规定之特权与豁免。

②使馆行政与技术职员暨与其构成同一户口之家属，如非接受国国民且不在该国永久居留者，均享有第二十九条至第三十五条所规定之特权与豁免，但第三十一条第一项所规定对接受国民事及行政管辖之豁免不适用于执行职务范围以外之行为。关于最初定居时所输入之物品，此等人员亦享有第三十六条第一项所规定之特权。

《维也纳外交关系公约》第三十八条第二项：其他使馆馆员及私人仆役为接受国国民或在该国永久居留者仅得在接受国许可之范围内享有特权与豁免。但接受国对此等人员所施之管辖应妥为行使，以免对使馆职务之执行有不当之妨碍。[②]

## 三、情景体验

请查阅各国驻外使领馆的外交和领事人员的案例，模拟并理解《维也纳外交关系公约》和《维也纳领事关系公约》中的内容，体验外交特权与豁免权和领事特权与豁免权内容，感受外交和领事特权与豁免权的相同与不同，理解外交和领事特权与豁免权的意义及不可滥用性。

角色：A 国外交官、A 国领事、B 国公民等。

---

① 《维也纳领事关系公约（第 47 条）》，联合国公约和宣言检索系统，http：//www. un. org/zh/documents/treaty/ILC－1963。（上网时间：2018 年 10 月 16 日）

② 《维也纳外交关系公约（第 37 条第一、二项和 38 条第二项）》，联合国公约和宣言检索系统，http：//www. un. org/zh/documents/treaty/UNCITRAL－1961。（上网时间：2018 年 10 月 16 日）

**（一）单项选择**

1. 保罗是甲国驻乙国的领事官员。当乙国一高速路发生一起重大交通事故时，保罗正好在现场。甲、乙两国都是《维也纳领事关系公约》的缔约国，且两国之间没有其他双边的涉及外交和领事特权与豁免方面的协定。根据国际法规则，下面哪项判断是正确的？（　　）

A. 保罗作为领事官员，免除作证义务

B. 保罗作为领事官员，虽然免除作证义务，但派遣国同意其出庭作证时，保罗应出庭作证

C. 保罗就该交通事故不得拒绝作证，但如果其拒绝，甲国法院也不得对其施以强制或处罚

D. 甲国法院可以依照本国法强制保罗出庭作证或予以处罚

2. 甲乙两国建有外交及领事关系，均为《维也纳外交关系公约》和《维也纳领事关系公约》缔约国。乙国为举办某世界赛事将甲国使馆区域、大使官邸、领馆区域均纳入征用规划范围。对此，乙国作出了保障外国使馆、领馆执行职务的合理安排，并对搬迁使领馆给予及时、有效、充分的补偿。根据国际法相关规则，下列哪项判断是正确的？（　　）

A. 如甲国使馆拒不搬迁，乙国可采取强制的征用搬迁措施

B. 如大使官邸不在使馆办公区域内，乙国即可采取强制征用搬迁措施

C. 在作出上述安排和补偿的情况下，乙国可征用甲国总领馆办公区域

D. 甲国总领馆馆舍在任何情况下均应免受任何方式的征用

3. 依据《维也纳外交关系公约》和《维也纳领事关系公约》，下列关于外交特权与豁免和领事特权与豁免异同之比较，表述正确的是哪项？（　　）

A. 外交人员和领事官员均享有刑事管辖之豁免

B. 非经使馆馆长或者领馆馆长或者其指定的人的同意，接受国不得进入使馆或者领馆的馆舍

C. 使馆和领馆之馆舍及设备以及馆舍内其他财产和交通工具均免受一切形式之征用

D. 使馆外交人员和领馆之领事官员管辖豁免之放弃均须由派遣国明示之抛弃方为有效

4. 甲国暴发某种流行传染病。甲国驻乙国大使的官邸据报发现疑似患者。乙国卫生防疫人员为此赶到该官邸外做好处理患者的准备工作。甲乙两国均为《维也纳外交关系公约》的缔约国，且没有其他的相关协定。依公约的规定，下列哪项是正确的？

A. 只要患者不是大使本人，乙国防疫人员即可进入官邸进行调查和处理工作

B. 如未得到甲国大使的明确同意，乙国防疫人员不得进入官邸进行调查和处理工作

C. 由于官邸位于城市居民区，乙国防疫人员可立即进入官邸调查处理患者

D. 只要甲国大使没有明确反对，乙国防疫人员即可进入官邸进行调查和处理工作

**（二）多项选择**

1. 科迪为甲国派驻乙国领馆的领事官员，依《维也纳领事关系公

约》，其在乙国不受逮捕、拘押和监禁，但也有一些例外的情况，下列哪些选项属于例外的情况？（　　）

A. 因科迪在乙国有严重犯罪情形，依法定程序应予以逮捕和拘押的

B. 科迪在乙国有违反交通法规情形，应予拘留的

C. 科迪在乙国有违反治安法规情形，应予拘押的

D. 为执行已经发生法律效力的判决而依法定程序应予以逮捕和拘押的

2. 玛丽为甲国驻乙国领馆的官员，吉姆为丙国驻乙国使馆的二等秘书。玛丽周末出游在乙国首都开车时因违反交通规则重伤一行人，因紧张对伤者未实施救助即逃逸，导致伤者死亡。吉姆目击了该事件。甲、乙、丙三国均为《维也纳外交关系公约》和《维也纳领事关系公约》的缔约国，且三国之间没有其他双边的涉及外交和领事特权与豁免方面的协定。依国际法规则，下列表述哪些是不正确的？（　　）

A. 只有玛丽表示放弃其管辖豁免，乙国才可对其进行刑事诉讼

B. 只要吉姆本人表示愿意即可出庭作证，而无论丙国驻乙国使馆是否同意

C. 乙国不可以对玛丽提起刑事诉讼，因为其享有外交豁免权

D. 乙国可以对玛丽提起刑事诉讼，因为领事官员只有执行职务的行为才不受接受国的司法管辖

3. 根据《维也纳外交关系公约》和《维也纳领事关系公约》的规定，下列关于外交关系与领事关系的表述哪些是正确的？（　　）

A. 两国建交，领事关系亦相应建立，不须另有协议

B. 两国建立领事关系也就意味着建立了正式的外交关系

C. 外交关系断绝并不一定断绝领事关系

D. 除另有声明，两国建交即意味着两国同意建立领事关系

4. 甲系某国派往A国的外交官，因与A国乙公民发生纠纷，甲在A国法院对乙提起民事诉讼，乙在诉讼过程中对甲的主诉直接提出反诉。A国法院对二人的纠纷作出判决，由甲赔偿乙的经济损失。下列说法哪些是正确的？（　　）

A. 甲具有民事豁免权，A国法院不应受理该案件

B. 尽管甲具有民事豁免权，但A国法院可以受理乙对甲的反诉

C. 甲到A国法院起诉后，就意味着其放弃了豁免权，因此A国的判决可以强制执行

D. 尽管甲主动提起诉讼，甲对判决执行豁免的放弃也必须由派遣国明示作出

5. 甲乙两国都是《维也纳外交关系公约》的缔约国。赵某为甲国派驻乙国的商务参赞。在乙国任职期间，赵某遇到的下列哪些争议可以由乙国法院管辖？（　　）

A. 赵某以使馆的名义，向乙国某公司购买一栋房屋，因欠款而被售房公司起诉

B. 赵某在乙国的叔叔去世，其遗嘱言明将一栋位于乙国的楼房由赵某继承，但其叔叔之子对此有异议，而诉诸法院

C. 赵某工作之余，为乙国一学生教授外语并收取酬金，但其未能如约按时辅导该学生，该学生诉诸法院，要求其承担违约责任

D. 赵某与使馆的另一位参赞李某，因国内债务问题发生纠纷，李

某试图将此纠纷诉诸乙国法院解决

## 四、本节小结

- 总结《维也纳领事关系公约》和《维也纳外交关系公约》的主要内容。
- 归纳领事特权和豁免权与外交特权和豁免权的内容和区别。
- 总结领事和外交的区别与联系。

## 五、推荐材料

### (一)法律法规

《维也纳领事关系公约》

《维也纳外交关系公约》

《中华人民共和国驻外外交人员法》

《中华人民共和国领事特权与豁免条例》

《中华人民共和国领事保护与协助工作条例(草案)》

### (二)网站

中国领事服务网,http://cs. mfa. gov. cn/。

联合国公约和宣言检索系统,http://www. un. org/zh/documents/treaty/index. shtml/。

# 第三章　领事制度的历史沿革

## 第一节　西方领事制度的历史沿革

### 一、案例导入

**古希腊的前导者**

与我们今天处理国家关系的外交大使相似，在现代西方文明的发源地——古代希腊，也存在一个职能与之相似而又有实质性区别的处理城邦之间关系的外交人员——外国代表人“Proxenos”。“Proxenos”指古代希腊一城邦（A邦）委托另一城邦（B邦）某一人担任自己城邦的保护人，当A邦人到B邦时，在B邦内的保护人有义务提供一定帮助(包括政治、经济、外交等)。

希腊半岛并无肥沃的大河流域，纵横的山岭和交错的河流，把希腊分割在彼此相对孤立的山谷和海岛上。公元前8世纪到公元前6世纪希腊形成了城邦林立的局面。此外，由于古代希腊各邦土地贫瘠，经济贸易很早就在小范围之内出现于各个阶层之中，在相互交往中冲突和争执在所难免，正如柏拉图曾经冷淡地指出，“希腊的一邦与另一邦的自然状态乃是战争”。有鉴于此，各城邦试图通过各种努力缓和城邦之间的摩擦和冲突，“Proxenos”正是为了解决这些矛盾和冲突而设立的。自公元前6世纪开始，城邦开始在与之有交往关系的城邦内任命官方保护人来保护到另一城邦的本邦人的利益。从这个角度上说，我们可以称“Proxenos”为一邦在另一邦之内的“官方朋友”。①

◆ 问题思考

- 你认为古希腊“Proxenos”一职有何功能？
- 古希腊“Proxenos”与当今领事官员有何区别与联系？
- 查阅资料，找一找中国古代有类似于领事的官员吗？

## 二、知识理论

本节以历史为线索，探寻西方领事制度的产生及其发展历程，并讨论领事制度的起源和发展。

### （一）西方领事制度的历史发展

1. 西方领事制度的起源

领事制度（The Institution of Consuls）是关于建立领事关系、设置领事机关、选派领事官员、执行领事职务、确定领事法律地位等各项制度的总称。②

领事制度的产生早于常设外交使团制度。它是国际贸易和商业的产物，其起源可追溯到古希腊的前导者（Prostates）和“外国代表人”（Proxeni）制度，以及罗马共和国时期的“外国执政官”（Praetor perehrinus）制度。公元前八九世纪时，中国、印度和一些阿拉伯国家也出现

① 王龙晓：《试论古希腊的“proxenos”》，东北师范大学2010年硕士学位论文，第17页。
② 钱其琛主编：《世界外交大辞典：A－L》（上册），世界知识出版社2005年版，第1225页。

过类似的领事制度。

**知识拓展**

“前导者”（Prostates）——由居住在外国的希腊殖民者选定，作为外国希腊殖民地和当地政府间法律和政治关系的中间人。大约在公元前6世纪，埃及人准许居住在瑙克拉蒂斯的希腊人推选“前导者”对希腊人实施希腊法律。在同一时期，在印度的某些部分可以找到类似的制度。

“外国代表人”（Proxenos）——为他所代表的国家和国民执行各种任务，包括：给予他们保护、为他们的贷款取得保证、促进出售他们的货物、当他们未立遗嘱死亡时验证其有无遗嘱、接待外交官员（协助他们处理公务，有时还协助他们处理私事）、被邀协助谈判他自己所在的本国政府同他代表的政府之间的条约或者仲裁他们之间的争端。[1]

公元前242年，罗马共和国开始设置“外国执政官”（Praetor Peregrinus）对外国人（Peregrini）之间或外国人和罗马公民之间的争端进行裁判。所有这些案件都是按照外国法和习惯上的贸易实践在内的“万民法”（Jus gentium）准则进行审判。在罗马共和国时期，出现了“consul”一词。

**词汇拓展**

**【Consul】**

Consul: either of the two chief public officials of the ancient Roman republic, each elected for one year.

---

① ［美］李宗周著，梁宝山、黄屏、潘维煊、夏莉萍译：《领事法和领事实践》，世界知识出版社2012年版，第4—5页。

在古罗马共和国时期，consul 指每年选举产生的掌管军事和民事的最高两位执政官（即元首）之一的头衔。

2. 西方领事制度的发展

国际法学者普遍认为，中世纪后期，由于航海和商业的发展，意大利、西班牙和法国等地的城镇中，外国商人经常在他们的同行中自行推选解决彼此商业纠纷的仲裁人，称为“商人领事”或“仲裁领事”，由此逐渐形成近代领事制度。[①]

十字军东征期间及其后，意大利、西班牙和法国等国的商人把这一领事制度带到土耳其等东方国家。同一国家的商人选举他们自己的领事，土耳其政府则以特惠条例形式给予外国商人一定特权，史称“特惠条例”。后来演变成商人所属国政府同定居国政府签订领事裁判权条约，使领事获得对本国侨民的特权，包括对本国侨民生命和财产的保护权以及对侨民行使民事和刑事的管辖权，这被称为领事管辖权（Consular Jurisdiction）。

领事管辖权的渊源可追溯到国际关系史上比领事本身更早的一些原则和制度，早在古亚述时代，外国人就被免除所在地的法律管辖，公元前 3 世纪中叶，罗马共和国的“外国执政官”对外国人之间或外国人同罗马公民之间的争端进行裁判。外国商人一般都自行推选“商人领事”“仲裁领事”或“法官领事”仲裁彼此间的争端。15 世纪，荷兰、英国、丹麦、瑞典、挪威等欧洲国家，按照属人管辖权原则，允许相互派遣的领事享有对本国侨民的司法管辖权。领事管辖权在早起的国家领事实践中是建立在相互对等的原则基础上的。[②]

① 钱其琛主编：《世界外交大辞典：A－L》（上册），世界知识出版社 2005 年版，第 1225 页。

② 钱其琛主编：《世界外交大辞典：A－L》（上册），世界知识出版社 2005 年版，第 1219 页。

**知识拓展**

1490 年，英格兰和佛罗伦萨（Florence）签订商业条约。佛罗伦萨允许英格兰商人在英格兰领事的领导下在比萨（Pisa）建立自己的社团。当比萨居民和英国商人之间发生冲突时，由会审法庭审判，会审法庭由波德斯塔（Podesta，中世纪意大利城邦的最高长官）和英国领事组成。

16 世纪，领事不再从居住地的本国商人中选任，而改由国家委任，称为“派任领事”。这是职业领事的来源。17 世纪初，由于近代国家领土主权观念日盛和常驻外国使团的兴起，西方各国都将外国商人置于本国的司法管辖之下，西欧国家纷纷取消了彼此间的领事管辖权，代之以属地管辖权原则。领事在这些国家中的地位日衰，其职权逐渐缩小到仅限于一般照管本国的商务和航运，以及保护本国侨民的商业利益。

18 世纪中叶以后，随着资本主义的发展，领事制度的重要性日增，各国间的领事制度被系统地发展起来。领事的地位、职务和特权成为各国通商航海条约和领事条约的主题；法国、荷兰、美国、英国等主要商业和航海国家还制定了本国领事条例和国际领事公约。

**知识拓展**

1786 年荷兰出台了《领事条例》；

1792 年美国发布了《美国领事服务法》；

1825 年英国出台了《领事法》；

1928 年美洲国家在哈瓦那国际会议缔结了《关于领事代表的公约》。

19 世纪西方列强向海外进行殖民扩张，把领事制度也带到殖民地和半殖民地国家，并通过种种不平等条约推行单方面享有特权的领事裁判权制度，严重侵害驻在国的主权。直到 20 世纪 70 年代，领事裁判权制度才随着世界殖民体系的彻底崩溃而废除。

为使领事制度更好地为国家利益服务，第一次世界大战前后，各国逐渐将职业领事部门与外交部门合并为单一的外交部门。领事部门成为外交部门的组成部分，领事制度也纳入了国家外交制度之中。在派遣职业领事的同时，早期从居留在外国的本国商人中推选领事的做法被一些国家沿袭下来，发展为由本国驻外使领馆推荐（或任命）、经本国元首或政府任命（或认可）的名誉领事，成为职业领事制度的补充。

二战后，各国人民为建立平等互惠的领事关系及其相适应的领事制度而不懈努力。1963 年联合国主持召开维也纳关于领事关系的国际会谈，制定并通过《维也纳领事关系公约》。该公约对职业领事制度和名誉领事制度做了系统规定，是一部关于领事制度全面的、一般性的国际公约，为世界上绝大多数国家政府承认并采纳。

---

**知识拓展**

1963 年，联合国主持召开维也纳关于领事关系的国际会议，根据联合国宪章关于各国主权平等、维持国际和平安全以及促进国际友好关系的宗旨和原则，结合国际习惯法、多数国际条约一致的规定及主要国内法体系采行的规则编纂成典，制定并通过了《维也纳领事关系公约》。

---

## 三、情景体验

### 古希腊类领事官员模拟

查阅并模拟古希腊类领事官员解决一起所代表国与驻在国商人之间的贸易纠纷。

角色：前导者或外国代表、A 国商人、B 国商人等。

## 四、本节小结

- 梳理古希腊外国代表人的职责。
- 总结土耳其特惠条例的由来和内容。
- 总结《维也纳领事关系公约》的作用。

## 五、推荐材料

### （一）文献

［美］李宗周著，黄屏等译：《领事法和领事实践》，世界知识出版社 2012 年版。

《中国领事工作》编写组：《中国领事工作》，世界知识出版社 2014 年版。

王龙晓：《试论古希腊的“proxenos”》，东北师范大学 2010 年硕士学位论文。

### （二）影像

《十字军东征（The Crusades）》，2012 年。

《奥斯曼帝国：欧洲的伊斯兰王室》，2013 年。

## 第二节　东方领事制度的历史沿革

### 一、案例导入

#### 对外交往先驱——张骞出使西域①

汉武帝建元元年（公元前 140 年），其欲联合大月氏共击匈奴，张骞应募任使者，于建元三年出陇西，经匈奴，被俘，后逃脱。西行至大宛，经康居，抵达大月氏，再至大夏，停留了一年多才返回。在归途中，张骞改从南道，依傍南山，企图避免被匈奴发现，但仍为匈奴所得，又被拘留一年多。元朔三年（公元前 126 年），匈奴内乱，张骞乘机逃回汉朝，向汉武帝详细报告了西域情况，武帝授以太中大夫。因张骞在西域有威信，后来汉所遣使者多称博望侯以取信于诸国。

元狩四年（公元前 119 年），张骞第二次奉派出使西域。这时，汉朝业已控制了河西走廊，积极进行武帝时对匈奴最大规模的一次战役。几年来汉武帝多次向张骞询问大夏等地情况，张骞着重介绍了乌孙到伊犁河畔后已经与匈奴发生矛盾的具体情况，建议招乌孙东返敦煌一带，跟汉共同抵抗匈奴。这就是“断匈奴右臂”的著名战略。同时，张骞也着重提出应该与西域各族加强友好往来。这些意见得到了汉武帝的采纳。

① 王丽梅：《张骞：开拓丝绸之路第一人》，《国际人才交流》2017 年第 12 期。

张骞出使西域本为贯彻汉武帝联合大月氏抗击匈奴之战略意图，但出使西域后汉夷文化交往频繁，中原文明通过“丝绸之路”迅速向四周传播。因此，张骞出使西域这一历史事件便具有特殊的历史意义。张骞对开辟从中国通往西域的丝绸之路有卓越贡献，至今举世称道。

◆ 问题思考

- 张骞出使西域对我国乃至世界产生了哪些影响？
- 继张骞出使西域后，还有哪些关于中外交流和领事的故事呢？

## 二、知识理论

本节以历史为线索，探寻东方的类领事制度产生及其发展历程，并介绍领事制度从西方到东方的发展脉络。

### （一）东方领事制度的历史发展

1. 中国类领事制度的起源

（1）中外官方交往的历史始于汉代

西汉（公元前206年—公元24年）张骞出使西域，是有明确文献记录的中外官方交往；东汉（公元25—220年）又派遣班超出使西域各国，公元97年班超再次派遣甘英出使大秦；公元166年，大秦王派遣使臣到达中国，是中国与欧洲国家直接进行友好交往的最早记载。

（2）唐代的蕃长制被视为中国领事制度的渊源

唐宋时期海外贸易空前繁荣，海外各国商使纷至沓来，在一些沿海地区形成了外国侨民聚居地，谓之“蕃坊”。唐宋政府为了管理外国侨民，在蕃坊设置蕃长以及有关机构。

蕃是指外国或外国人。坊是唐时对城市街巷的通称。根据《唐六典》："两京及郭内分为坊，郊外为村、里。"唐代城市呈正方形，切分为若干街区，以"坊"名之。因此，唐宋的坊既是城市街区的基本单位，又是最基层的行政单位，每个坊"皆有正以司督察。"蕃坊居民来自不同的国家和民族，人众杂沓，习俗既异，难免要产生许多特殊的问题。对此，唐宋政府实行了一种特殊的管理方法，即在蕃坊设置"蕃长司"作为管理机构，从外国侨民中挑选有声望者充任蕃长，故蕃长又称"蕃酋"。蕃长对蕃坊的管理包括处理蕃坊公事和管理商业交易两个方面的内容，可见蕃长不同于一般的坊正，其职权已大为扩张。同时，蕃长以蕃官和蕃酋的双重身份管理外国侨民，所以具有更大的权威性。因此，蕃长协助政府行使部分行政管辖权、司法权、外交事务、对外贸易和招徕海商等。①

**知识拓展**

据《唐律疏议》记载，"诸化外人，同类自相犯者，各依本俗法；异类相犯者，以法律论。"②

宋人朱彧在《萍洲可谈》中写道："广州蕃坊，海外诸国人聚居。置蕃长一人，管勾蕃坊公事，专切招邀蕃商入贡，用蕃官为之，巾袍履笏如华人。"③

① 廖失珂：《蕃坊与蕃长制度初探》，《南洋问题研究》1991年第4期，第93页。

② 赖存理：《唐代"住唐"阿拉伯、波斯商人的待遇和生活》，《史学月刊》1988年第2期，第34页。

③ 陆芸：《海上丝绸之路与移民——兼论中国历代政府对中外移民的管理》，《学术探索》2016年第6期，第87页。

（3）中国近代领事制度产生于清代①

清代在藩坊和藩坊司的基础上，发展出了理藩院。理藩院是管理蒙古、西藏、新疆等区域的少数民族事务，同时也办理部分与外国通商、交涉事务（在总理各国事务衙门成立之前）的中央机构。② 其下设六司，分别掌管部界、封爵、设官、户口、耕牧、赋税、兵刑、交通、会盟、朝贡、贸易和宗教等项事宜。清初立蒙古衙门，专司蒙古事务，清崇德三年（1638 年）改为理藩院，专管“外藩”（指内外蒙古、青海蒙古、新疆的额鲁特部、回部与西藏喇嘛所属各处③）事务。清顺治十八年（1661 年）改与六部同等，置尚书、侍郎等官，主要由满、蒙贵族担任。清光绪三十二年（1906 年）改为理藩部。辛亥革命后废。

第二次鸦片战争后，清政府与侵略者办理议和，处理“善后事宜”外事往来频繁叠加。原有的“抚夷局”已经不能满足需求，负责外务的恭亲王奕䜣，于 1860 年末上奏设立总理衙门④，1861 年 1 月 20 日咸丰帝批准成立了总理各国事务衙门，简称为“总理衙门”“总署”“译署”，为清政府办洋务及外交事务而特设的中央机构。总理衙门共存在了 40 年，为中国晚清主管外交事务、派出驻外国使节，并兼管通商、海防、关税、路矿、邮电、军工、同文馆、派遣留学生等事务的中央机构。

1901 年 7 月 24 日（清光绪二十七年），清廷明令改总理各国事务衙门为外务部，班列六部之首。外务部管辖的范围极广，负责一切对外

① 熊志勇、苏浩：《中国近现代外交史》，世界知识出版社 2005 年版，第 91 页。

② 张晋藩、李铁：《中华法学大字典·法律史学卷》，中国检察出版社 1999 年版，第 219 页。

③ 周发增、陈隆涛、齐吉祥：《中国古代政治制度史》，首都师范大学出版社 1998 年版，第 258 页。

④ 张晋藩、李铁：《中华法学大字典·法律史学卷》，中国检察出版社 1999 年版，第 639 页。

交涉的事务，除签订条约、划定疆界、派遣使节外，更多的是有关通商、海防、路矿、关税、邮电、华工、传教、游历等事务。

此后，清政府逐步向国外派驻外交使节，在处理外交事务中，把保护中国的侨民作为国家对外政策的一项重要事务，1909 年，按血统主义原则，清政府颁布《大清国籍条例》，是中国第一部有关国籍的法律。

### （二）领事制度从西方到东方

1. 领事裁判权制度的产生

领事裁判权（Consular Jurisdiction）是指西方国家通过不平等条约使其驻外领事及领事机关单方面在驻在国享有包括对本国国民行使司法管辖权在内的特权。①

领事裁判权制度是伴随世界殖民制度的兴起而产生和发展的。其是领事管辖权的一种变态，是治外法权原则的延伸和滥用。领事裁判权起源于十字军东征后土耳其政府以敕令或交换照会方式给予欧洲国家商人的一些特权。随着殖民主义势向东扩张，英、法、美、俄等西方强国逐渐通过种种不平等条约，将领事裁判权及其制度强加给中国、日本、朝鲜等东方国家和地区。

---

**知识拓展**

**会审公廨**

“会审公廨”又称会审公堂，是中国司法制度进一步半殖民化，帝

① 钱其琛主编：《世界外交大辞典：A－L》（上册），世界知识出版社 2005 年版，第 1216 页。

国主义在华领事裁判权制度的进一步扩大的产物。会审公廨原为中国政府在租界地内设置的司法审判机构，但后来中国人之间的案件，外国领事亦到庭观审，实际上将会审公廨变为中国和外国领事共管的审判机构，并进而把持了租界地内的审判权。会审公廨在审理案件时，中国官员对外国人是否科刑“例不过问”，而外国领事对中国人却“径定监禁数年”，从而在中国造成了“外国人不受中国之刑章，而华人反就外国之裁判”的反常现象。1926 年上海会审公廨改为临时法院，1949 年中华人民共和国成立后，会审公廨才被彻底废除。[1]

2. 领事裁判权制度的发展

领事裁判权制度这一特权制度的存在和施行，构成对驻在国属地管辖权的例外和侵犯。领事裁判权实质是一国单方面享有的领事管辖权。享有领事裁判权国家的领事可对驻在国的本国公民行使民事、行政和刑事管辖权。为此，他们在邻区内租地建立租界或外国人居住区，成立行政管理机构，设立领事法院（庭），派驻警察和军队，对本国侨民实行全面管辖。

领事不仅审判本国国民之间的诉讼，而且根据被告主义原则审判一方为驻在国国民的诉讼案件，对涉诉的领馆雇佣驻在国国民也要求加以保护，干涉驻在国司法主权。

**知识拓展**

被告主义原则——在中国享有领事裁判权的国家的国民和中国人之间的诉讼案件，如果外国人为民事诉讼的原告，中国人为被告，由中国

① 安国盛：《外国在华领事裁判权史稿》，中国政法大学出版社 2014 年版，第 276 页。

法庭按照中国法律审判。

领事裁判权后来甚至发展到：西方国家的侨民不受东方国家当地法院的管辖；住所不受侵犯；除非犯有严重的罪行，不受当地官员的逮捕；如果被逮捕，只有该公民所属国的领事有权审判和处罚；外国领事对其本国公民有管辖权，外国领事有权要求驻在国当地政府部门的协助。根据1869年《上海洋泾浜设官会审章程》，上海公共租界会审公廨成立，外国领事官或领事派员不仅会审外国人案件，而且参与会审外国人雇佣的华人诉讼、租界内的华人案件、无领事国的外国人案件等，扩大了外国领事的管辖权限。

**知识拓展**

## 苏报案①

光绪二十二年（公元1896年），胡璋创办《苏报》并在上海日本领事馆注册。② 1903年5月，《苏报》聘爱国学社成员章士钊任主笔，此后一月间连续刊出数十篇“放言革命”的文章，又积极向读者推荐邹容著《革命军》，登载章炳麟驳康有为改良主义政见书，文章直斥光绪皇帝为“载湉小丑，未辨菽麦”。

6月底，清政府串通上海租界工部局逮捕章炳麟。7月1日邹容激于义愤，自动投案。在租界会审公廨上章、邹继续宣传革命。7月6日《苏报》刊载章氏《狱中答新闻报》一文。次日《苏报》被封。

---

① 章开沅：《辛亥革命辞典》，武汉出版社1991年版，第187页。

② 陈瑞云、顾章义、孟昭信、佟宝昌：《大学历史词典》，黑龙江人民出版社1988年版，第340页。

清政府扼杀革命报纸和在帝国主义租界里同老百姓打官司的屈辱行径，激起人民的义愤。租界迫于舆论压力，屡讯屡停，未能判决。清政府多方活动要求“引渡”（租界本为中国领土，清政府要求租界当局移交犯罪的中国人，本不应叫引渡。但由于租界事实上已成为清政府不能有效实行主权的特殊地域，故租界当局视这种行为为引渡）章、邹二人，均未得逞。

1904年5月21日，章、邹分别被判处监禁三年和二年。1905年4月3日，邹被迫害死于狱中，次年6月29日，章炳麟刑满出狱后被东京同盟会总部派人接往日本。

---

20世纪40年代，中国参与签署《联合国家宣言》及《关于普遍安全的宣言》，开始以大国身份活跃在国际舞台上。

1943—1947年，中国同美英法等西方国家签订条约，从法律上结束了外国在华领事裁判权。不平等条约的废除，使中国初步摆脱了近代以来所受的外交屈辱。

1949年，中华人民共和国成立，彻底废除了包括领事裁判权在内的一切特权。

## 三、情景体验

### “德兰诺瓦”事件

1784年，独立后不久的美国向中国派出“中国皇后”号商船，8月28日，此船抵达广州黄埔港，拉开了中美两国交往的序幕。在此后，两国各类交往和谐开展。但1821年广州府番禺县盱眙籍知县汪云任，判处美国商船上肇事的水手德兰诺瓦绞刑，两国之间发生第一次严重的冲突。此事震惊海内外，史称“德兰诺瓦”事件。了解“德兰诺瓦”事件始末，对中美交涉与审判过程进行模拟。

角色：广州府番禺县知县汪云任、郭梁氏丈夫、美国驻广州领事威尔考克、美国艾米丽号商船水手德兰诺瓦、中方衙役若干、美方工作人员若干。

## 四、本节小结

- 梳理早期东方对外交流的案例。
- 总结唐宋的蕃坊与蕃长制度的内容。
- 归纳领事裁判权的发展和内容。

## 五、推荐材料

### （一）文献

安国胜：《外国在华领事裁判权史稿》，中国政法大学出版社 2014 年版。

廖失珂:《蕃坊与蕃长制度初探》，《南洋问题研究》1991 年第 4 期。

范邦瑾:《唐代蕃坊考略》,《历史研究》1990 年第 4 期。

刘有延：《从南朝到唐宋的广州蕃坊》，《回族研究》2017 年第 1 期。

### （二）影像

《我的 1919》，1999 年。

# 第四章　中国对外领事关系

## 第一节　晚清和民国时期对外领事关系

### 一、案例导入

**最早的官派留学生——留美幼童**

1861 年，正值列强侵华，清政府内洋务派寄希望于“师夷长技以自强”，派容闳在香港地区招考幼童派送出洋留学，计划用 15 年时间培养百余名深谙西洋自然科学知识和技能的留学生，为国所用。

1872—1875 年间，清政府选派 120 名 12 岁左右的“留美幼童”。当时，中国日益深入地卷入国际事务，迫切需要一批掌握外国语言、了解外国情势的人才，虽然在北京、上海、广州开办了同文馆或广方言馆，但远不能适应复杂的外交事务之需。随着 18 世纪 60 年代中期洋务派主持的军事、民用企业的陆续创办，一批掌握国外先进科学知识和技术的科技人员又成为国之急需。洋务派认为，选派聪颖幼童赴外国学习各种科学技术，学成归来，在国内分科传授，中国便可以掌握西人之长技。

留美幼童中，上海籍的有 18 人，这是上海早期的一批出洋学子。詹天佑就是留美幼童之一。天资聪颖的詹天佑顺利通过考试，先在清政府设立的上海出洋肄业局预备班接受半年的出国培训，再随容闳到美国留学。第二次科技革命对美国进行了全新洗礼，电报、电话、留声机、电灯、内燃机相继发明并投入使用。在科技的带动下，美国经济迅猛发展。詹天佑以及留美幼童们耳濡目染，深受鼓舞，学好本领，报效祖国。“留美幼童”在学成归来后对祖国的各行各业都起到很大作用。①

◆ 问题思考

- 清政府为什么选派“最早的官派留学生”？
- 晚清政府的对外领事关系是什么状况呢？

## 二、知识理论

本节针对晚清和民国对外领事关系的背景、机构、人物三部分基础知识，按照下图所示框架进行梳理。

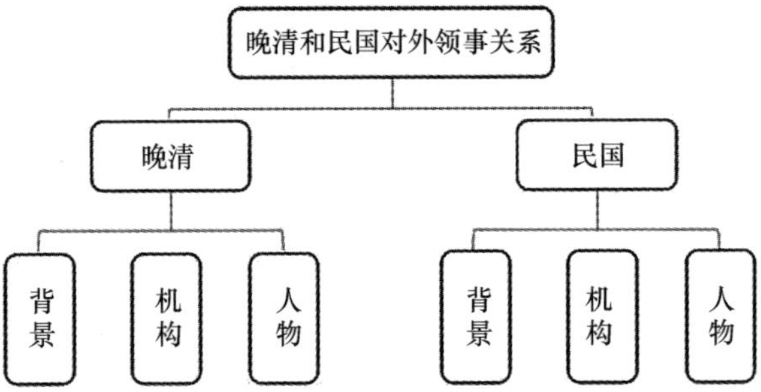


**图 4－1　晚清和民国的领事关系**

资料来源：作者自制。

① 纪录片《幼童》，CCTV 节目官网，http：//tv. cctv. com/2012/12/15/VIDA1355569718540163. shtml。（上网时间：2022 年 6 月 2 日）

## （一）晚清对外领事关系

1. 背景

从1840年开始，中国遭受多次外来侵略，尽管中国人民进行了英勇顽强的反抗，但最终都以失败告终。中国政府被迫签订了一系列丧权辱国的条约，其中第一次鸦片战争后签定的《南京条约》为之后不平等条约的基本内容奠定了基础。在此之后，清政府签订的不平等条约的主要条款包括：割地、赔款、通商、关税协定、领事裁判权、租地造屋、五口通商地传教等。随着国门的打开，中国开始设立专门的机构和派遣专职人员管理对外事务，并在1876年以后向国外派驻了外交使团。[①]

2. 机构

随着对外交往日益频繁，清政府在1840年前就设有礼部和理藩院作为专管外交的中央机构，到1860年后改为总理各国事务衙门，1901年后改为外务部。

（1）礼部和理藩院

在鸦片战争之前，外交在整个清政府的政治生活中是无足轻重的。造成这种结果的主要原因是清政府推行“闭关锁国”和盲目自大的政策。这时期，清朝的对外关系通常表现为宗主国与“藩属之邦”之间的不平等交往，任何外国国王和使者要觐见清朝皇帝必须行三叩九拜的臣子大礼。而作为兼管外交的中央机构——礼部和理藩院也不过是一个管理“藩属之邦”、接待“贡使”的机构。所以当时的中国“无所谓外交，理藩而已”。[②]

---

① 熊志勇等：《中国近现代外交史》（第二版），北京大学出版社2014年版，第21—43页。

② 熊志勇等：《中国近现代外交史》（第二版），北京大学出版社2014年版，第1—19页。

（2）总理各国事务衙门

1860 年，第二次鸦片战争以清政府与英法等国签订《北京条约》而告终，英法等国取得公使驻京的权利，清政府不得不与外国公使直接交往。为适应这一局面，1860 年初北京设立总理各国事务衙门。作为中国历史上第一个在中央政府内办理近代外交事务的专门机构，总理各国事务衙门的成立，宣告清政府顽固坚持 200 年的闭关锁国政策的破产，其适应了当时国际交往的需要，冲击了中国几千年封建专制政治制度，为晚清政治制度的近代化开创了先例。同时，推动了近代中国工业、科技、国防等诸领域的近代化。①

（3）外务部

1901 年，清政府签订《辛丑条约》后，将总理各国事务衙门改为外务部，外务部的组织架构和人员由奕劻和李鸿章拟定，后经政务处五大臣及吏部复议，定为正式官制。此时的外务部，其职权也并非仅仅掌管国际交涉、中外商务和在外侨民事务，铁路、矿务、电线、机器制造、军火等事宜仍属它的执掌范围。事实上，外务部仍是一个和总理各国事务衙门名异实同的外交机构。②

随着外交机构的不断变化完善，晚清时期也出现了中国最早的一批著名外交官，他们为中国的外交事业做出卓越的贡献。

3. 人物

晚清时期，中国开始在外设立使领馆，出现了一批外交官，他们的产生带着“临时性”和“应急性”的特点。中国第一位驻外大使郭嵩焘、第一位驻外领事胡璇泽以及被称为“近代中国走向世界第一人”的黄遵宪等著名外交领事官，都推动了中国对外领事关系的发展。至

① 熊志勇等：《中国近现代外交史》（第二版），北京大学出版社 2014 年版，第 51—55 页。

② 熊志勇等：《中国近现代外交史》（第二版），北京大学出版社 2014 年版，第 145—152 页。

1900 年，清政府在外设立 18 所领事馆；至 1911 年，清政府在外设立 40 个领事馆。

（1）郭嵩焘（1818—1891 年）

1876 年驻英兼驻法公使，清末外交家，清经世派学者，是近代中国首任驻英公使，后兼驻法公使。力主学习西方科学技术，传播西方文明，遭守旧派攻击。著述颇多，著有《养知书屋遗集》《使西纪程》等。

（2）胡璇泽（1816—1880 年）

1877 年被清政府任命为中国驻新加坡第一任领事，同年被俄国沙皇任命为俄国驻新加坡领事。1879 年被委任日本驻新加坡领事。身兼三国领事，传为佳话，英美法三国将其生平事迹和功业各谱一书以为楷模。

（3）黄遵宪（1848—1905 年）

从光绪三年（1877 年）到二十年（1894 年），以外交官身份先后到过日本、英国、美国、新加坡等。1876 年中举，次年被任命为驻日公使馆参赞，1882 年调任美国旧金山总领事。其后历任英国参赞（1889 年）、新加坡总领事（1891 年）等职，出任晚清外交官达十多年之久。在任外交官期间，努力维护国家主权和民族尊严，讲求策略，不卑不亢，积极促进国际友好合作，尽力保护华侨利益。在新加坡总领事任内，创立南洋华侨护照制度。日本历史学家称他为“最有风度、最有教养的外交家”。

---

**人物故事**

1882 年黄遵宪调任美国旧金山总领事时，正值美国政府通过《排华法案》禁止华工入境。旧金山当地官吏排华意识强烈：海关拒绝回国探亲的华工重新入境，抄没到期未回国的华商的家产，对于途经旧金山的华人不准登岸或者借故刁难等等。黄遵宪到任后，立即开展抵制排华行动，保护侨民利益的工作。他一方面据理向当局提出诉讼，另一方面为华商和假道华工颁发护照，促使美国当局接受华商华工的正常往来，维护了在美华商华工的正当权益。

1891 年，黄遵宪调任新加坡兼马六甲总领事。在此之前，清政府一直实行海禁，禁止华侨返国。直至 19 世纪后半叶，清朝与美国签订《蒲安臣条约》，准许华人出洋谋生，但海禁令仍未撤销。清朝官吏或土豪劣绅依仗“禁海令”对归侨敲诈勒索，甚至加上“通敌”“通匪”等莫须有的罪名，以致华侨谈返国色变。黄遵宪对此表示极大愤慨，于是上书薛福成公使转奏清廷，请开海禁。经他多番努力，清政府终于在 1893 年 9 月 13 日“下谕准华侨归国，并严禁唆扰勒索等弊”。施行近二百年的“禁海令”终于废除。从此，华侨返国合法化，清廷授权各地领事按章发放护照给有意返国的华侨。南洋护照制度的创立与实施，有力地保障了华侨的权益以及生命、财产的安全，为华侨出入往返祖国提供了很大便利。

### （二）民国对外领事关系

1. 背景

1911 年辛亥革命爆发后，革命党在南京建立临时政府，各省代表推举孙中山为临时大总统，1912 年元月中华民国正式建立。民国时期外交呈现出一个弱势国家在参与西方主导的国际关系体系时所面临的矛盾，即国际化与现代民族国家的建立，遵循国际规则与维护国家利益，法理上的独立与事实上的自主等。此时，对外领事也有着巨大的变化。①

2. 机构

按照国际惯例，中国采纳了国际上通行的职业领事制度和名誉领事制度。

1916 年，北洋政府公布了《外交官领事官官制》，领馆分为总领事馆、领事馆、副领事馆三级。领事馆分为总领事、领事、副领事、随习领事、通商事务员五等三级。领馆分别以总领事、领事、副领事为馆长，其下设副领事 1 人（实际仅在总领事馆）或不设，随习领事 1 人或不设。此外，每馆设主事 1—2 人，学习员不定人数。就每个领馆的编制而言，与清朝相差无几。

1930 年的《驻外使领馆组织条例》对各级领馆的组织做了比较明确的规定，编制也有所扩大。总领事馆，设总领事 1 人，副领事 1—2 人，随习领事 1—2 人，主事 1—2 人，此外必要时增设领事 1 人。领事馆，设领事 1 人，随习领事 1—2 人，主事 1—2 人，此外必要时增设副领事 1 人。副领事馆，设副领事 1 人，随习领事 1—2 人，主事 1—2 人。此外，领事馆得派设学习员 1 人。

1949 年国民党政府崩溃前夕，中国在外国设立了 85 个领馆；有 33 个国家在中国 47 个城市设立了 196 个领馆。②

南京政府时期外交部内部机构设置已经采取法国制，设有承政厅、外政司、通商司、庶务司，各司职责分明。各司职责如下：外政司主管有关国际交涉事项，以及关于界务、铁路、矿物、电线等交涉事项；通商司主管有关保护在外侨民、通商行船，以及税务、邮政、外债等交涉

① 熊志勇等:《中国近现代外交史》（第二版），北京大学出版社 2014 年版，第 174—194 页。

② 《中国领事工作》编写组编:《中国领事工作》（上册），世界知识出版社 2014 年版，第 401—408 页。

事项；庶务司主管办理国书和国际礼仪事项，以及接待外宾、监理外人传教、保护外人游历等事项。

3. 人物

民国时期，随着领事机构的完善，一批对外派遣的外交领事人员随之出现，做出了卓越的贡献，其中就包括南京临时政府时期的外交总长王宠惠、中国近代史上著名的外交家顾维钧，以及护法军政府外交总长伍廷芳等。

（1）王宠惠（1881—1958 年）

王宠惠在辛亥革命胜利前夕返回国内，于南京临时政府成立后出任外交总长。《泰晤士报》记者莫理循在发给伦敦的介绍孙中山组阁的通信中，特别介绍了王宠惠，除了介绍他具有欧美的留学背景外，还强调了他突出的个人能力，称赞他是“最为出色”的内阁成员，表明王宠惠在西方具有较高的知名度。在此期间，王宠惠作为民国首位外交总长，面对西方列强，毫无怯意，坚决维护中国的主权和领土完整，保护人民权益，对中国国际地位的提升起到至关重要的作用。

（2）顾维钧（1888—1985 年）

顾维钧被誉为“民国第一外交家”，在长达 44 年的外交生涯中，他先后担任过中国驻美、英、法等大国的使节及派驻国际联盟和联合国的代表，也担任过北京政府的外交总长和南京政府的外交部部长，还出席过两次大战结束时讨论战后问题的巴黎和会与旧金山会议，晚年又出任国际法院法官。①

---

① 胡丁玲：《顾维钧研究概述》，《学理论》2013 年第 10 期，第 159—160 页。

人物故事

舌辩群雄的顾维钧

第一次世界大战后，日本得到英法的默许，取代了德国在中国的利益。巴黎和会具有列强分赃、弱肉强食的色彩。当时，中国内政紊乱，军阀割据，似一盘散沙。参加和会的中国代表顾维钧在会上用流利的英语发言，辩论激昂精彩，言辞精辟得当，充满爱国热情。出席和会的美国总统威尔逊，在顾发言完毕时，走过去与他握手以示祝贺。接着，其他西方国家代表都来向他致贺。就连被法国人誉为“胜利之父”的法国总理克里孟梭也为之倾倒。从此，顾维钧在国际舞台上声名大噪，华盛顿会议等一系列会议的中国代表团中都少不了他。

(3) 伍廷芳 (1842—1922 年)

伍廷芳在辛亥革命爆发后，任中华民国军政府外交总长，主持南北议和，迫使清室退位。南京临时政府成立后，出任司法总长。1917 年赴广州参加护法运动，任护法军政府外交总长、财政总长、广东省省长。①

人物故事

倒看报纸的伍廷芳

伍廷芳是民国时期著名的外交官，历任驻美国、墨西哥、古巴等国

① 张礼恒：《伍廷芳的中西文明观探析》，《理论学刊》2015 年第 10 期，第 105 页。

公使。

伍廷芳学贯中西，知识广博，口才极佳，在国际上享有盛名，深受国际社会尊敬。有次，他从香港地区乘轮船返回广州，饭后到甲板上休息，顺手取来一张香港英文报纸《南华西报》阅读。一会，翻过背面，无意中将报纸倒转了。这时，对面坐着一对英籍情侣，见伍廷芳穿着长袍、布鞋、土里土气，又把报纸拿倒，认为他肯定是不识外语的，无非假充斯文。两人窃窃私语，纵声大笑。伍廷芳早已听见二人对话，便若无其事地就着倒转的报纸，用英语大声朗读起来。此时，这对英籍青年才知这个乡巴佬就是赫赫有名的伍博士。①

民国时期的对外领事关系在这些人物的不断努力推动下，发生了巨大的变化，使中国的对外领事关系向前迈进了一大步。

## 三、情景体验

### 驻渝使领馆历史遗迹考察

重庆是一座有历史底蕴的山城，开放历史悠久，很早就成为对外开埠的内陆通商口岸。抗战时期，苏联、意大利、荷兰、比利时、英国、巴西、澳大利亚等30多个国家的驻华大使、公使、代办、领事等先后来到重庆，将其驻华使馆迁至重庆，或设立了对等的大使、公使级外交机构或领事馆。请参观驻渝使领馆历史遗迹并查阅相关历史人物和故事，体验抗战时期的对外领事关系。

① 沈武飞：《民国外交官轶事》，《领导文萃》1998年8月，第69—70页。

## 四、本节小结

- 回顾留美幼童故事。
- 总结晚清对外领事关系中的背景、领事机构、相关人物及案例。
- 总结民国对外领事关系中的背景、领事机构、相关人物及案例。

## 五、推荐材料

### （一）书籍

《中国领事工作》编写组：《中国领事工作》，世界知识出版社 2014 年版。

熊志勇等著：《中国近现代外交史（第二版）》，北京大学出版社 2014 年版。

### （二）影像

《留美幼童》，2004 年。

# 第二节　中华人民共和国成立后的领事关系

## 一、案例导入

**“流着日本血液的中国人”**

1947 年初，一位日本父亲牵着儿子和女儿，背着刚满周岁的幼子焦急地徘徊在大连街头。由于极度缺乏营养，这个嗷嗷待哺的小男孩儿已经奄奄一息。眼见绝无可能将幼子活着带回日本，这位父亲想尽快找到一户好心的中国人家来收养这个孩子。终于，经一位路遇的中国人热心介绍，这个孩子来到闫子余夫妇家中。从此，这个被取名为“闫庆文”的孩子再也没有见到过任何与自己有血缘关系的日本亲人。养父母细心照料着“闫庆文”，后来还不遗余力地送他上大学，为他此后的人生奠定了得以安身立命的基础。

1972 年，中日两国实现邦交正常化，日本遗孤寻找亲人的工作也被提上日程。1981 年，日本政府在日本民间组织的催促和推动下，终于宣布有组织、有计划地寻找在华遗留孤儿。在中国政府和领事馆的积极配合下，从 1981 年到 1999 年，共有 31 批次、2121 人参加了日本政府组织的访日寻亲活动。其中 666 人找到在日本的亲属，约占总人数的 31.8%。“闫庆文”也在这期间回到日本发展，后来为报答养育之恩，重回中国寻找养父母，而此时他的养父母早已过世。

此外，通过各种在华调查和其他渠道的统计，另有 597 人也被确认遗孤身份。据日本厚生省统计，到 1999 年底，共有 2285 名遗孤及配偶、子女约 1 万人回日本定居。进入 21 世纪后，据统计，已有 3800 余名遗孤返回日本。①

◆ 问题思考

- 日本遗孤寻亲故事中体现了哪些时代背景和领事知识呢？
- 中华人民共和国成立后对外领事关系经历了怎样的发展？

## 二、知识理论

本节将对中华人民共和国建国初期到 21 世纪以来对外领事关系的

① 关亚新、张志坤：《日本遗孤调查研究》，社会科学文献出版社 2005 年版，第 5 页。

背景、机构、人物三部分基础知识进行梳理。

### （一）中华人民共和国成立初期对外领事关系

1. 背景

1949 年 10 月 1 日中华人民共和国的成立揭开了中国历史的新篇章，自此中国对外关系包括对外领事关系开始了新阶段。中华人民共和国在独立自主、平等互惠的基础上，与各国建立和发展领事关系，为促进与便利中外人员往来，推动中外各领域交流合作，维护中国海外权益，捍卫中国的主权、安全和发展利益做出应有的贡献。

2. 组织机构

（1）中共中央外事组

1949 年 10 月 1 日，周恩来被任命为中央人民政府政务院总理兼外交部部长，负责组建外交部，主持外交工作。在外交部建立之前，中华人民共和国的外交事务主要由中共中央外事组（简称“外事组”）办理。

1947 年春，外事组在周恩来的主持下在山西省临县成立，主任为叶剑英，副主任为王炳南。1949 年 1 月北平刚解放时，王炳南带领外事组跟随兼任北平市长的叶剑英进城，并在外国“领事机构”云集的东交民巷接管了原国民党政府外交部驻北平特派员办事处。在召开外交部成立大会之前，外事组人员分散在北京御河桥旁东交民巷、和平门西松树胡同两处办公。

开国大典一结束，外事组即将中华人民共和国的第一份外交文书送达在北京原有领事机构的苏联、美国、英国、法国、荷兰、比利时、意大利等 7 个国家的原领事官员。1949 年 10 月 3 日，外事组通过南京外事处主任黄华，将上述外交文书送达印度、埃及、缅甸、加拿大、葡萄牙等 12 个国家的原驻华外交官员；通过上海外事处主任章汉夫，送达瑞典、巴西、希腊等 14 个国家的原驻上海领事官员。

（2）外交部及其组织机构

根据《中央人民政府外交部试行组织条例》，外交部掌理国家外交政策、外交事务、国家对外交涉以及有关在外华侨、在华外侨等涉外事项。

1949 年 1 月 8 日，外交部在北京市东城区外交部街 30 号东楼礼堂召开成立大会。周恩来总理兼外长、李克农副外长在会上讲话。12 月 26 日，按照中央人民政府政务院第 11 次政务会议通过的任命，外交部通报了第一批 9 个部门及其负责人情况，具体分工如下：

办公厅：主要负责秘书、机要、礼宾、护照签证、行政等事项。主任为王炳南，副主任为阎宝航、董越千、赖亚力。苏联东欧司、亚洲司、西欧非洲司、美洲澳洲司等 4 个地区司：主要负责本地区的外交事务；指导中国驻该地区各国使馆（团）及领事馆的工作；处理该地区各国驻华使馆（团）的交涉事项；研究该地区各国情况。司长分别为伍修权、沈端先、宦乡、柯柏年。其中，美洲澳洲司第一科北美科科长为凌青，西欧非洲司第一科英国科科长为姚周杰。

这个时期，领事工作主要由办公厅护照科（先后升格为“签证处”“领事司”）、交际科（先后升格为“交际处”“礼宾司”）及苏联东欧司、亚洲司、西欧非洲司、美洲澳洲司等 4 个地区司共同承担。

此外，外交政策委员会、条约委员会、国际司及情报司等 4 个部门分别由周恩来（兼）、章汉夫（兼）、董越千（兼）、龚澎担任领导。[1]

(3) 外事机构

外交部在国内一些省市仍依照《外交部试行组织条例》有关规定，在中国内地一些省市人民政府设置外事机构开展各地区有关外事方面的工作。具体是：

外交部驻满洲里联络处；北京市人民政府外事处；天津市人民政府外事处；东北人民政府外事局（沈阳）；沈阳市人民政府外事处；哈尔滨市人民政府外事处；旅大市人民政府外事处；上海市人民政府外事处（上海市军事管制委员会外事处）；青岛市人民政府外事处（青岛市军事管制委员会外事处）；山东省人民政府外事处；云南省人民政府外事处；新疆维吾尔自治区人民政府外事处；广州市军事管制委员会外事处；中南军政委员会外事处（武汉市军事管制委员会外事处）；西南军政委员会外事处（重庆）；西藏军政委员会外事处（拉萨）。1950 年 10 月，外交部召开第一届由各地外事处长参加的外事工作会议。会议的主题之一，就是从外交和领事工作的角度，对在华外侨及外资企业等重大政治和经济问题进行梳理。[2]

---

**案例拓展**

**中华人民共和国对外派遣的第一位外交官**

1949 年 10 月 1 日，毛泽东在天安门城楼上宣布中华人民共和国成

① 《中国领事工作》编写组编：《中国领事工作》（上册），世界知识出版社 2014 年版，第 5 页。

② 《中国领事工作》编写组编：《中国领事工作》（上册），世界知识出版社 2014 年版，第 3—26 页。

立。10月2日，苏联外交部副部长葛罗米柯受苏联政府委托致电周恩来外长，由于力求与中国人民建立真正友好关系始终不渝的意愿，并确信中国中央人民政府是绝大多数中国人民意志的代表者，苏联政府决定与中华人民共和国建立外交关系，并互派大使。苏联在10月3日即任命高级外交官尼古拉·瓦西里维奇·罗申为首任驻华特命全权大使，罗申将军也荣幸地成为毛泽东主席接见的第一位外国驻华使节。几乎就在同时，国务院任命新华社常驻莫斯科记者戈宝权同志为中华人民共和国驻苏联大使馆参赞兼临时代办，即刻开始中国驻苏联大使馆的建馆工作，戈宝权同志也荣幸地成为中华人民共和国首位外交官。在罗申大使到任前，苏联政府也同时任命其原驻北平总领事馆总领事齐赫文斯基为苏联驻中华人民共和国大使馆参赞兼代办，齐赫文斯基成为苏联政府任命驻中国的首位外交官。

3. 对外关系

根据三大外交方针，中华人民共和国不承认旧政府的对外领事关系。中华人民共和国成立前后，中央外事组、外交部及地方外事机构等中华人民共和国的外事部门处理了大量外交和领事问题，其中的主要问题：一是各国原驻华的外交、领事机构及其人员的地位问题，以及外国在华侨民、企业、军事、宗教和文化组织的管理和处置问题；二是原国民党政府驻外的外交、领事机构及其人员的接管和处置问题。具体措施包括：肃清列强通过不平等条约在华攫取的特权和势力；取消各国原驻华外交外事领事机构及其人员的特权；接管和处置旧中国驻外国外交领事机构及其人员。[1]

---

① 《中国领事工作》编写组编：《中国领事工作》（上册），世界知识出版社2014年版，第4—10页。

### （二）20 世纪 50—70 年代的对外领事关系

1. 背景

1954 年 4 月 26 日至 7 月 21 日，中华人民共和国作为世界五大国之一，首次与苏联、美国、英国、法国一起出席日内瓦会议，共同讨论朝鲜和印度支那问题。1955 年 4 月 18—24 日，中华人民共和国出席亚非会议，即万隆会议。除了与英国、荷兰建立代办级“半外交”关系之外，中华人民共和国与亚、非、拉、欧 4 个洲的 31 个国家建立外交关系，与埃及建交实现同非洲国家和阿拉伯国家建交史上零的突破，与古巴建交实现同美洲国家建交史上零的突破，与第一个西方大国法国建交引发外交“核爆炸”，迎来与外国建交的第二次高潮。1955 年 1 月，为适应中华人民共和国领事工作日趋繁重的形势，外交部增设领事司负责全国领事工作。

从中华人民共和国成立至 20 世纪 60 年代中期，中国经历了从建立到不断拓展新型中外领事关系的过程。然而，从 20 世纪 50 年代后期至 60 年代末期，中国面临的国内和国际形势都发生了重大变化。国际上，美苏争霸，主导世界冷战格局；苏联与其他社会主义国家之间、美国与其他资本主义国家之间，出现了不同程度的控制与反控制斗争；亚非拉地区争取民族解放和国家独立的运动，声势不断壮大，国际关系处于动荡、分化、重组的转折时期。在国内，中国完成恢复经济的任务，使中华人民共和国初步建立起工业化的经济基础，并成功爆炸第一颗原子弹。

20 世纪 70 年代初，随着中国在联合国合法席位的恢复以及中美两国关系的改善，中国对外领事关系逐渐有了新的发展。[①]

---

① 《中国领事工作》编写组编：《中国领事工作》（上册），世界知识出版社 2014 年版，第 41—55 页。

## 案例拓展

### 中国恢复在联合国的合法席位

1971年10月25日，第26届联合国大会以76票赞成、35票反对、17票弃权的压倒多数，通过阿尔巴尼亚、阿尔及利亚等23国提出的要求恢复中华人民共和国在联合国的一切合法权利和立即把台湾当局的代表从联合国一切机构中驱逐出去的提案。提案通过后，广大发展中国家代表欢欣鼓舞。毛泽东得知消息后说：主要是第三世界兄弟把我们抬进去的。在此之前，第26届联合国大会曾就恢复中华人民共和国在联合国的合法权利问题，从10月18日开始，进行了一周的专门辩论，并对美国和日本政府等要求首先表决他们炮制的把台湾当局的代表驱逐出联合国需要2/3的多数票才能通过的所谓“重要问题”议案进行了表决。表决的结果是，这一提案被否决。10月26日，联合国秘书长吴丹致电中国政府外交部代理部长姬鹏飞，正式通知第26届联大通过的恢复中华人民共和国在联合国一切合法权利的决议，并邀请中华人民共和国政府派出代表团出席本届联合国大会。11月15日，以乔冠华为团长、黄华为副团长的中国代表团出席第26届联合国大会全体会议，受到极为热烈的欢迎。中国代表团此后开始出席历届联合国会议，积极参与联合国的各项事务，并发挥了举足轻重的作用。

中国在联合国合法席位的恢复，是中国外交工作的一次重大突破，对世界和平进步事业的发展产生了极为深远的影响。①

① 《为恢复在联合国的合法席位而奋斗》，中华人民共和国外交部官网，https：//www.fmprc.gov.cn/web/ziliao_674904/wjs_674919/2159_674923/t8976.shtml。（上网时间：2018年9月23日）

2. 组织机构

随着中国对外关系的稳步发展，领事工作任务日趋繁重。在总结实践经验的基础上，外交部逐步对国内外领事工作进行梳理。1955 年 1 月，外交部设立领事司。2 月 22 日，中国外交部照会各国驻华使馆，就外交部设立领事司等事宜通知如下：

> 中华人民共和国外交部向各国驻华使馆致意，并谨通知：外交部已于最近增设礼宾司和领事司。礼宾司司长为柯华，副司长为王倬如；领事司司长为张灿明，副司长为秦力真。两司均已开始办公。外交部原设的交际处和签证处业已撤销。请查照为荷。[1]

从此，外交部领事司着手管理全国领事工作，在开展领事业务的同时指导国内地方外事处办理领事业务和驻外使领馆履行领事职责，继续拓展新型中外领事关系。

3. 领事关系

20 世纪 50 年代末至 60 年代初，中国在不断总结与外国尤其是社会主义国家发展领事关系经验的基础上，先后与民主德国、苏联和捷克斯洛伐克签订双边领事条约。这是中华人民共和国成立以来与外国缔结的第一批双边领事条约。

第一批签订的三个条约各具特色，主要规定“领事的派遣与接受”“领事的职权”以及“领事的特权与豁免”三个方面的内容，这也是双边领事条约（协定）的基本内容。它为此后中国加入《维也纳领事关系公约》打下坚实基础，也是中华人民共和国成立 10 年间拓展中外领

① 任正红：《穿越“文书签证”，感悟“领事认证”》，《世界知识》2015 年第 23 期，第 62—63 页。

事关系的亮点。①

### （三）20 世纪 70—90 年代对外领事关系

1. 背景

20 世纪 70 年代，美苏争霸态势转变，西欧国家和日本经济日益发展并成为美国的竞争对手。为集中力量应对苏联挑战，美国力求从越南脱身，寻求同中国接近。苏联则在加强与美国争霸的同时，进一步施加对中国的压力。为此，毛泽东提出“三个世界”划分的理论和“一条线”“一大片”的战略思想，以摆脱与美苏两霸同时对抗的局面，为中国外交打开新局面。

1971 年 4 月，美国乒乓球队应邀访华，打开中美两国人民友好往来的大门。1971 年 7 月，美国总统国家安全事务助理基辛格秘密访华。1972 年 2 月美国总统尼克松访华，中美双方发表了《中华人民共和国和美利坚合众国联合公报》。1979 年 1 月，中美两国建交。

中美关系的解冻对国际形势产生深远的影响。1971 年 10 月，第 26 届联合国大会以压倒性多数通过了恢复中华人民共和国在联合国的一切合法权利的决议。中国对外交往逐步扩大，迎来第三次建交高潮。②

2. 组织机构

改革开放后，随着中外政治、经贸、科技、文化交往和旅游活动的增加，发展对外领事关系成为迫切需要。特别是在加入《维也纳领事关系公约》之后，有计划、有步骤地与有关国家进行设领谈判，并开设领馆成为积极发展对外领事关系的一项重要任务。

---

① 《中国领事工作》编写组编：《中国领事工作》（上册），世界知识出版社 2014 年版，第 52—55 页。

② 《中国领事工作》编写组编：《中国领事工作》（上册），世界知识出版社 2014 年版，第 143—158 页。

1979 年 1 月，中国政府同美国政府达成关于互相建立领事关系和互相开设总领事馆的协议。中国同意美国在广州和上海开设总领事馆，美国同意中国在旧金山和休斯敦开设总领事馆。1979 年 8 月 24 日，中国外交部和美国驻华大使馆以换文方式达成协议，确定了中国驻旧金山总领事馆、驻休斯敦总领事馆以及美国驻上海总领事馆、驻广州总领事馆的设馆事宜及各馆的领区。

此后，中外互设领事馆的数量不断增加。从 1978 年开始改革开放到 2007 年底，中国在国外共设立 74 个总领事馆、领事馆和领事馆办公室（不包括 9 个已达成设领协议但还未开馆的领事机构）。外国在中国内地共设立 141 个总领事馆、领事馆、领事办公室和名誉领事馆。在中国香港设立了 57 个总领事馆、70 位名誉领事，在中国澳门设立了 3 个总领事馆、13 位名誉领事。中国政府和驻外使领馆提供了更多的证件服务、寻亲和保护等，20 世纪 80 年代的日本遗孤回国就是在这样的背景下开展的。

中国驻外领事馆大多设在外国的重要城市和经济、科技中心以及华侨、华人的聚居地，这不仅有利于扩大中国的对外影响，而且领馆通过积极开展同领区内地方政府、社会各界的广泛联系和友好交往，促进相关国家和人民对中国的了解，有助于推动中外双边关系，尤其是中国同设领地区的经贸、文化、科技、教育等各方面关系的发展。此外，领馆也可以为促进外商来华投资、中外经济合作和智力引进等提供服务。①

3. 对外关系

第二次世界大战后，国际上对于编纂领事关系法逐渐达成共识。

---

① 郑启荣主编：《改革开放以来的中国外交（1978—2008）》，世界知识出版社 2008 年版，第 374—375 页。

1949 年联合国国际法委员会提出就领事往来与豁免问题进行研究。1960 年，委员会完成《领事往来及豁免临时条款草案》，并将草案提交各国政府征求意见。1962 年，联合国大会收到国际法委员会草案后，决定于 1963 年召开联合国领事关系会议，讨论制定国际领事关系公约问题。1963 年 3 月 4 日至 4 月 2 日，联合国召开领事关系会议，92 个国家与会，会议通过《维也纳领事关系公约》以及相关决议。公约结合国际惯例、国际条约的规定以及国内法体系通行的规则制定，成为解决国际领事争端或调整国家间领事关系的基础和标准。公约的制定与通过具有重要意义。

中国恢复在联合国的合法席位后，联合国秘书长曾致函中国政府，希望中方对包括《维也纳领事关系公约》在内的国际公约表态。1978 年 12 月，中国共产党第十一届三中全会决定把全国的工作重点转到社会主义现代化建设上来，对外实行开放政策。随着中国对外交往的增多，越来越多的国家急切希望与中国建立和发展领事关系，是否参加该公约成为中国政府在对外领事关系领域面临的一个紧迫问题。中国政府主要从两个方面考虑，决定加入公约：

一是加强领事合作。与中国互设领馆和签订领事条约的国家日益增多，在双边商谈过程中，对方国家常提及中国对该公约的态度以及是否参照该公约规定处理双边领事关系的问题。中方加入公约，有利于打消有关国家的疑虑。

二是结合本国国情。公约内容与中方处理领事关系问题的现行做法和规定没太大差别，只有个别地方有差异，如关于委派和接受名誉领事问题，派遣国领事在接受国代表派遣国国民进行辩护问题，派遣国使领馆人员在接受国境内行动及旅行自由问题，领事探视问题以及领馆雇员的特权与豁免问题等。

上述差异并非严重冲突，在领事实践中大多能够根据公约有关条款规定处理，个别地方可采取变通办法加以解决。经过认真研究，中国决定无保留加入公约。[①]

1979 年 6 月 28 日，外交部通知全国人大常委会法制委员会、最高人民法院、最高人民检察院、公安部、外贸部、交通部、民政部、国务院侨务办公室、民航总局和各省市自治区外事办事处、公安、法院和各驻外使领馆，中国将加入《维也纳领事关系公约》。1979 年 7 月 3 日，黄华外长代表中国政府致函联合国秘书长瓦尔德海姆交存加入书，公约从 1979 年 8 月 1 日起对中国发生效力。中国在坚持主权平等、对等互惠原则的基础上，根据公约规定的权利与义务，积极发展与世界各国领事关系，充分有效地履行领事职务。中方同时声明，台湾当局以中国名义对该公约的签署是非法的、无效的。

1975 年，只有波兰、尼泊尔和日本在中国上海、广州和拉萨 3 个城市设有 4 个领事机构。而在 1979 年中国加入《维也纳领事关系公约》之后的 10 年间，中国分别与美国、南斯拉夫、波兰、朝鲜、民主德国、匈牙利、意大利、蒙古国、苏联、墨西哥、保加利亚、捷克斯洛伐克、土耳其、老挝、古巴、伊拉克、阿根廷和也门签订或重签了 18 个双边领事条约，与美国、联邦德国、法国、意大利等 27 个国家签订了互设或增设领事机构的协议。到 1990 年，已有 18 个国家在中国的 5 个城市设有 25 个领事机构，还有近 10 个国家准备在中国设立领事机构。与此同时，中国在 21 个国家设有 33 个领事机构，并筹备在阿联酋的迪拜和泰国的清迈建馆。[②]

---

① 《中国领事工作》编写组编：《中国领事工作》（上册），世界知识出版社 2014 年版，第 158—159 页。

② 《中国领事工作》编写组编：《中国领事工作》（上册），世界知识出版社 2014 年版，第 159 页。

中国加入《维也纳领事关系公约》是中国领事工作发展史上的一项重大行动。加入公约为中国开展与世界各国的领事交流与合作提供了法律依据，中外领事关系随之进入了一个全新的发展时期。①

**（四）21 世纪以来对外领事关系**

1. 背景

进入 21 世纪以来，中华人民共和国外交部围绕国家经济建设和海外公民权益保护，积极、主动、稳妥地开展各项领事工作，妥善处理各类领事问题。这一时期，中外领事关系持续稳定发展，突出特点是对话频繁、共识增多。中国继续以积极姿态与有关国家和国际组织密切对话，保持和发展领事磋商，就双边和多边领事关系中亟待解决或共同关心的问题进行广泛、深入的探讨。

2000 年至 2012 年底，中国与 28 个国家新建领事磋商机制，使建立领事磋商关系的国家增至 55 个，13 年间在国内外共举行双边领事磋商 186 场。这一时期，与 6 个国家新签双边领事条约，与 32 个国家新签互免签证协定，与 15 国达成 19 个简化签证手续协定，与 10 个国家启动签证问题定期或不定期的专门座谈会，与多国和国际组织继续就移民、反偷渡和非法移民活动开展合作，与 66 国就相互设领达成协议，中国驻外领事机构新增 24 个，外国驻华领事机构新增 96 个，妥善处理了大量涉及中国公民的领事保护案件。②

2. 组织机构

进入 21 世纪以来，外交部组织机构设置不断完善。

---

① 《中国领事工作》编写组编：《中国领事工作》（上册），世界知识出版社 2014 年版，第 161—243 页。

② 《中国领事工作》编写组编：《中国领事工作》（上册），世界知识出版社 2014 年版，第 251—270 页。

**表4-1　外交部组织机构**

| | | |
|---|---|---|
| 办公厅 | 政策规划司 | 亚洲司 |
| 西亚北非司 | 非洲司 | 欧亚司 |
| 欧洲司 | 北美大洋洲司 | 拉丁美洲和加勒比司 |
| 国际司 | 国际经济司 | 军控司 |
| 条约法律司 | 边界与海洋事务司 | 新闻司 |
| 礼宾司 | 领事司（领事保护中心） | 香港澳门台湾事务司 |
| 翻译司 | 外事管理司 | 涉外安全事务司 |
| 干部司 | 离退休干部局 | 行政司 |
| 财务司 | 机关党委（部党委国外工作局） | 外交部巡视工作领导小组办公室 |
| 档案馆 | 服务中心 | |

资料来源：外交部组织机构，中华人民共和国外交部官网，https：//www. fmprc. gov. cn/web/wjb_673085/zzjg_673183。

3. 对外关系

截至2021年12月，中国与181个国家建立了外交关系。

进入21世纪以来，国际形势处于深刻变革之中，中华人民共和国紧紧抓住战略机遇期，高举和平、发展、合作的旗帜，对外关系取得新的重大进展，表现如下：

第一，与主要大国关系稳定发展。中俄两国战略协作伙伴关系全面深入快速发展，进入历史最好时期。中美同意全面推进21世纪建设性合作关系。中国同欧盟及其主要成员国建立了全面战略伙伴关系。中日开创战略互惠关系新局面。中国还同各主要大国启动战略对话磋商机制。

第二，同周边国家睦邻友好合作关系进一步扩大和深化。中国同印度、印尼等国建立不同形式的战略伙伴关系，同哈萨克斯坦等国签订友好合作条约。中国推动上海合作组织成员国缔结长期睦邻友好合作条约，上合组织进入全面务实合作阶段。中国作为首个非东盟国家加入《东南亚友好合作条约》，东盟—中国（10+1）、东盟—中日韩（10+3）合作成果显著。此外，还推动南海、东海共同开发迈出新步伐。

第三，同发展中国家的团结合作取得重要进展。2006年，中国成功主办“中非合作论坛”北京峰会，这是中华人民共和国外交史上主办的规模最大、领导人出席最多的国际会议，对巩固和发展中国与非洲国家的友好关系具有重大意义。2004年成立“中阿合作论坛”。同拉美、加勒比和南太平洋地区国家互利合作不断深化。加强了同巴西、南非、墨西哥等发展中大国的协调与合作，中俄印、“金砖”合作机制日益充实、完善。

第四，多边外交丰富多彩，更加活跃。在联合国、八国集团同发展中国家领导人对话会（G8+5）等多边舞台上，中华人民共和国积极开展高层外交，宣示中国重大理念及主张，拓展与各方关系，维护中国利益与形象。中国推动形成朝鲜半岛核问题六方会谈机制，为推动朝核问题和平解决发挥了重要独特作用。积极参与解决全球性和地区热点问题，发挥负责任大国作用，截至2008年9月，已向22项联合国维和行动派出维和人员两万人次。

第五，积极开展安全外交，全力维护国家主权安全。严防和遏制境外敌对势力的分裂干扰活动；大力倡导互信、互利、平等、协作的新安全观，积极开展和深化反恐等非传统安全领域的国际合作。

第六，全面开展经济外交。中国借助高层互访和国际多边峰会等重大外交活动，促成一批重大合作项目。大力推动区域和双边自由贸易区合作，与有关国家和地区正在建设的自贸区有12个，其中已签署协议并开始实施的有6个；承认我国完全市场经济地位的国家达 77 个。[①] 此外，还提出新能源安全观，积极开展能源资源外交，为中国企业“走出去”提供服务。

第七，努力开展公共外交和文化外交。党和国家领导人深入阐述和平发展道路、科学发展观等治国理念和内外方针，努力增进各国民众对中国内外政策的了解和支持。主办“文化年”“文化节”等对外文化活动，并借筹办北京奥运会、上海世博会等重大活动的契机，大力开展多层次多领域的公共外交活动，增进国外公众对中国的了解和友好情感。中国和平、民主、文明、进步的国家形象进一步树立。

第八，坚持以人为本、外交为民。切实维护中国公民和法人在国外的合法权益；建立境外中国公民和机构安全问题部际联席会议制度，建立健全海外安全风险评估和防范预警机制；成功实施多起从动乱国家大规模撤侨行动，妥善处置中国人员海外遇袭事件；设立外交部领事保护中心，不断加强领事保护的机制建设。[②]

**案例拓展**

### 中原油田项目组遭袭击案

2007 年 4 月 24 日，中原油田在埃塞俄比亚索马里州的项目组遭到 200 多名不明身份的武装分子袭击，造成中方人员 9 人死亡、7 人被绑架。

国家领导人对此案高度重视，指示全力保护、营救被绑架人员，妥

① 《杨洁篪撰文论述改革开放以来中国外交成就与经验》，人民网，2008 年 9 月 18 日，http：//politics. people. com. cn/GB/101380/8069575. html。（上网时间：2018 年 9 月 23 日）

② 杨洁篪：《改革开放以来的中国外交》，人民网，2008 年 9 月 17 日，http：//cpc. people. com. cn/GB/64093/64102/8061422. html。（上网时间：2018 年 9 月 23 日）

善处理遇难人员后事，敦促埃塞方采取一切必要措施保护中国在当地人员的安全。外交部立即启动应急机制，组成联合工作组，协调中国驻埃塞俄比亚使馆开展营救和善后工作。经过6天6夜的艰苦努力，7名被绑架人员于4月30日成功获救，并乘包机安全返回中国，随机运回了9名遇难人员的遗体。①

## 三、赛事体验

【赛事主题】“祖国在我身后”领事保护情景剧大赛

【赛事背景】“祖国在我身后”情景剧大赛，以外交和领事保护工作为主题，为提高师生应急避险能力和预防性领事保护能力，普及领保知识，讴歌新时代，传播正能量，弘扬主旋律。

领事保护（Consular Protection）是指派遣国的领事机关或领事官员，根据本国的国家利益和对外政策，于国际法许可的限度内，在接受国内保护派遣国及其国民的权利和利益的行为。请基于中国对外领事关系中的一个领事保护案例原型，小组进行创造性模拟和呈现，提交情景剧剧本，并进行情景剧表演。

## 四、本节小结

- 总结中华人民共和国成立初期对外领事关系。
- 总结20世纪五六十年代中国对外领事关系。
- 总结21世纪以来中国对外领事关系。

① 外交部政策研究司主编：《中国外交》，世界知识出版社2008年版，第297页。

## 五、推荐材料

### （一）文献

关亚新、张志坤：《日本遗孤调查研究》，社会科学文献出版社2005年版。

郑启荣：《改革开放以来的中国外交（1978—2008）》，世界知识出版社2008年版。

外交部政策研究司主编：《中国外交》，世界知识出版社2008年版。

《中国领事工作》编写组编：《中国领事工作》，世界知识出版社2014年版。

### （二）影像

《经典人文地理：日本遗孤》，2020年。

《大地之子》，1995年。

### （三）网站

人民网，http://cpc.people.com.cn/GB/64093/64102/8061422.html。

中华人民共和国外交部官网，https://www.fmprc.gov.cn/web/wjb_673085/zzjg_673183/。

# 第五章　领事证件

## 第一节　护照

### 一、案例导入

**《战狼II》中的护照**

2017年上映的电影《战狼II》收获56亿人民币的票房，影片中展现了对海外中国公民的保护，许多观众被影片中惊心动魄的救援情节深深吸引，而影片结尾出现的护照图片也让人印象深刻——枣红色的护照封皮上逐渐出现“中华人民共和国公民：当你在海外遭遇危险，不要放弃！请记住，在你身后，有一个强大的祖国！”不少人认为，这是电影的文眼，而《战狼II》想体现的核心就在于此。

◆ 问题思考

- 护照有哪些作用？
- 护照与国籍是什么关系？
- 护照与海外保护有什么联系？

## 二、知识理论

以下将对护照的定义、历史发展和类型三部分基础知识进行梳理。

### （一）护照的定义

护照指的是一国政府依法颁发给本国公民出入本国国境和在国外旅行、居留使用的合法身份证件和国籍证明，以便持证人及时取得外国主管当局与本国外交代表机关和领事机关的协助与保护。[①] 中华人民共和国护照是中华人民共和国公民出入国境和在国外证明国籍与身份的证件。[②]

护照有保护和关照之意。护照是主权国家签发的，证明持证人国籍和身份的证件。

**案例拓展**

护照一般是主权国家签发的，但历史上，曾出现过一种证明公民身份的合法证件——南森护照（Nansen Passport）。它由国际联盟首推，最初是为俄国内战的难民而设。挪威外交官弗里德托夫·南森在1922年首创，截至1942年，总共发出约45万本，帮助数十万无国籍人士移民到其他国家。1938年，签发南森护照的南森国际难民救济局获得诺贝尔和平奖。

---

① 钱其琛主编：《世界外交大辞典：A－L》（上册），世界知识出版社2005年版，第839页。

② 《护照/旅行证简介》，中国领事服务网，http：//cs. mfa. gov. cn/zggmcg/hz/hzjj_660445/t1097751. shtmlhttp：//cs. mfa. gov. cn/zggmcg/hz/hzjj_660445/t1200 748. shtml。（上网时间：2018年8月30）

### （二）护照的历史

护照的起源可追溯到公元2—3世纪的罗马帝国时期，当时向一种担任国际信差的人颁发盖有官方印章的特别证书，信差凭此证书，在旅途中可享有某种特权和优待。到了中世纪，这种特别证书又发给皇家使节，以便出使的国家能够给予特别的优遇。随着航海和贸易的发展，有的国家又把此种证书发给本国商人，使他们在国外经商时能受到优遇和保护。初期，这种证书只是一纸简单的公文，后来逐步演变成现代形式的护照。到18世纪末期，要求旅行者出入国境时持有护照的国家逐渐增多。19世纪末，波斯、俄国、罗马尼亚、塞尔维亚等国规定入境的外国人必须出示本国护照。第一次世界大战后，国际上出现要求统一护照样式和简化出入境手续的趋势。1920年和1926年召开两次国际护照会议，对护照的国际格式和简化出入境手续提出具体建议，供各国采用。二战后，世界各国普遍对国际旅行实行严格管制。一方面，通过本国立法，建立健全护照（及签证）制度，美国、英国、法国、德国、日本、意大利、西班牙、古巴、墨西哥、澳大利亚、印度、新加坡等国都制定和颁发了护照法规及相关法令；另一方面，在国际上寻求建立统一的国际护照制度，以统一护照格式内容和使用办法，尽量方便国际旅行。以欧洲国家为例，1985年6月14日，法国、德国、荷兰、比利时、卢森堡五国签订《申根协定》，决定取消成员国之间的边境检查，人员可自由流动，并于1995年3月26日正式生效。1996年12月19日，瑞典、芬兰、丹麦、挪威和冰岛五国加入《申根协定》。按照有关规定，《申根协定》签字国间将完全取消护照检查。护照的发展可见图所示。

在中国，护照的渊源可追溯到战国时代。古代的中国人凭借竹简、布帛、木板、金玉或纸张做成的“封传”“契”“过所”“符节”“符

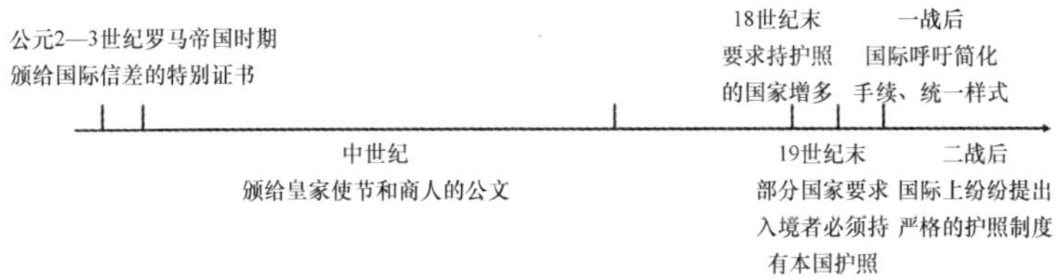


**图5－1　护照发展进程示意图**

传”“路征”“路引”等证件，出入边塞关津，类似现代签证的内容记载其上。清朝康熙年间，中国已有护照。1689年中俄《尼布楚条约》规定，“凡两国人民持有护照者，得过界往来，并取其贸易互市”。清朝时，中国的护照是一纸公文式，除记载有持照人姓名、籍贯、年龄、职业及发照机关和主管官员姓名、发照日期、官方印鉴等项内容外，还记载护照系“奉上谕”、为“宣布朝廷德意”应持照人请求而发，以便各关卡验证放行和地方官员给持照人以切实保护等内容。清末，出现“游历护照”之类别，吉林将军衙门还制定了护照章程，并附有护照样式。中华民国时期，中央政府制定了比较完整的护照制度。1932年1月31日，国民政府公布了护照条例。中华人民共和国成立后，印制并启用了中华人民共和国护照，制定了护照的印制、颁发、使用和管理制度。[①] 中华人民共和国成立之初，没有统一制作的护照。1950年3月，中华人民共和国首版护照在北京印刷。2005年，中华人民共和国实行按需申领护照制度。2006年的《中华人民共和国护照法》和2013年的《中华人民共和国出境入境管理法》从法律上保障了公民依法出入境的各项权利。

① 钱其琛主编：《世界外交大辞典：A－L》（上册），世界知识出版社2005年版，第839页。

**案例拓展**

华侨护照是晚清以来中国历届政府颁发给华侨在国际旅行和侨居时用于证明国籍身份的证件。2017年7月14日，全国首个大型华侨护照专题展《护行天下》在北京首都博物馆开展。此次展览由位于江门五邑华侨华人博物馆提供，共展出文物115余件（套），展出面积达660平方米。展览以时间为轴，大规模系统展出中国不同时期驻美国、加拿大、澳大利亚、新加坡、巴拿马、印度尼西亚、马来西亚、墨西哥、古巴、南非、缅甸、越南等十多个领事馆（公使馆）颁发的华侨护照（侨民证明书）原件①，再现了清朝时期、民国时期和中华人民共和国的华侨证照的发展历史。在清末国家贫弱、列强欺凌的历史环境下，当时远赴海外的国人往往备受歧视，华侨护照也经常遭受不被他国海关承认的屈辱，无法真正发挥保护海外侨胞权益的作用。中华民国成立后，由于国内军阀割据、局势动荡、日寇入侵等，中国护照依然时时不被承认。中华人民共和国成立后，随着国家发展壮大，经济日益腾飞，越来越多的中国人走出国门，中国护照在保障海外侨胞安全与权益中发挥着越来越重要的作用。②

**（三）护照的种类**

中华人民共和国护照分为外交护照、公务护照、普通护照和特区护

① 《首个华侨护照专题展北京开幕　了解护照的“前世今生”》，中国侨网，2017年7月17日，http：//www.chinaqw.com/zhwh/2017/07－17/153067.shtml。（上网时间：2018年10月7日）

② 《护行天下——华侨护照展》，国家图书馆官网，2017年7月28日，http：//www.nlc.cn/sjwhbb/sjzlxx/201707/t20170728_153206.html。（上网时间：2018年8月31日）

照。公务护照又分为公务护照和公务普通护照。特区护照分为香港特别行政区护照和澳门特别行政区护照。外交护照、公务护照和公务普通护照统称为“因公护照”，普通护照俗称“因私护照”。[①]

**案例拓展**

2007 年，香港特区开始签发电子护照；2008 年，中国台湾地区推出电子护照；2009 年，澳门特区开始签发电子护照；2012 年，中国各地公安部门统一启用签发电子普通护照。电子护照引入生物特征识别、数字签名加密及无线射频等诸多技术，在传统纸质护照内植入非接触式智能芯片，在芯片中加入持照人的身份及生物特征信息，通过专用阅读器读取芯片中的资料，以便人证对照。

## 三、实际操作

“纸上得来终觉浅，绝知此事要躬行”——在了解到护照的相关基础知识后，落脚到现实生活中，我们又该如何办理和使用护照呢？下文将从实际操作的角度出发，对这两个方面的内容进行阐述。

### （一）护照的办理

公民出国旅行必须向颁发护照的机关申请领取护照。各国政府颁发护照的机关根据本国的护照法律规章及政府有关法令制定申请各类护照的程序和手续。按照有关规定，因公护照实行出国任务审批制度、出国

① 《护照/旅行证简介》，中国领事服务网，http://cs.mfa.gov.cn/zggmcg/hz/hzjj_660445/t1097751.shtmlhttp://cs.mfa.gov.cn/zggmcg/hz/hzjj_660445/t1200748.shtml。（上网时间：2018 年 8 月 30 日）

人员审查制度、颁发制度和集中保管制度。因公护照办理由派遣部门持因公出国任务批件、出国人员审查批件以及其他相关材料，向发照机关申领护照。发照机关根据规定对派遣部门提交的上述材料审核无误后，颁发相应的护照。

普通护照在国内由中国公民本人向其户籍所在地县级以上地方人民政府公安机关出入境管理机构提出，并提交下列真实有效的材料：

1. 近期免冠照片一张以及填写完整的《中国公民因私出国（境）申请表》；

2. 居民身份证和户口簿及复印件；在居民身份证领取、换领、补领期间，可以提交临时居民身份证和户口簿及复印件；

3. 未满十六周岁的公民，应当由其监护人陪同，并提交其监护人出具的同意出境的意见、监护人的居民身份证或者户口簿、护照及复印件；

4. 国家工作人员应当按照有关规定，提交本人所属工作单位或者上级主管单位按照人事管理权限审批后出具的同意出境的证明；

5. 省级地方人民政府公安机关出入境管理机构报经公安部出入境管理机构批准，要求提交的其他材料。现役军人申请普通护照，按照管理权限履行报批手续后，由本人向所属部队驻地县级以上地方人民政府公安机关出入境管理机构提出。①

由于现阶段中国公民对出境的需求量日益增加，下文将以普通因私出国护照为例，详述从申请到取照的整个流程（首次申请）。在中国，一般而言，公安部及公安部授权的地方公安机关出入境管理机构负责颁发各类因私普通护照。

---

① 《申报护照》，中国领事服务网，http://cs.mfa.gov.cn/zggmcg/hz/sbhz/。（上网时间：2022年5月30日）

第一步，准备阶段。中国公民在准备申请护照前，可先查看国家移民管理局政务服务平台《普通护照签发服务指南》上列出的申请材料及所需填写的表格等。一般情况下，需准备：符合《出入境证件相片照相指引》标准的照片；中国公民出入境证件申请表；居民身份证；在居民身份证领取、换领、补领期间，可以提交临时居民身份证；省级公安机关出入境管理机构报经国家移民管理局批准的其他材料等。未满十六周岁的申请人员和其他情况可参考《普通护照签发服务指南》。

第二步，办理流程。申请人向公安部委托的县级以上公安机关出入境管理机构提交申请材料并按规定采集指纹信息；受理机构对符合申请条件，申请材料齐全且符合法定形式的，向申请人出具《受理申请回执单》；对申请材料不齐全或者不符合法定形式的，一次性告知申请人需要补正的全部内容；对不属于本部门职责范围或不符合受理要求的，不予受理，并向申请人说明理由。审批机构进行审核，作出批准或者不予批准的决定。批准的，签发证件；不予批准的，审批机构向申请人出具《不予批准决定书》。

第三步，取照阶段。根据《普通护照签发服务指南》，在所有信息审查通过后，一般居民在户籍地公安机关出入境管理机构申请普通护照自受理申请材料之日起 7 个工作日内审批签发并制作普通护照。跨省异地申请普通护照的签发时限为 20 日。在偏远地区或者交通不便的地区或者因特殊情况，公安机关出入境管理机构不能在上述时限内签发普通护照的，经省级公安机关出入境管理机构负责人批准，普通护照的签发时限可以延长至 30 个工作日。因此，一般七个工作日内可完成普通护照的办理，而加急办理只需五个工作日。接到护照办理完成的通知后，可携带单据前往规定的地点领取护照；若先前选择的是邮寄护照，则等待签收即可。至此，办理护照的完整流程结束，为更直观地展现出办理的过程，其流程图如下：

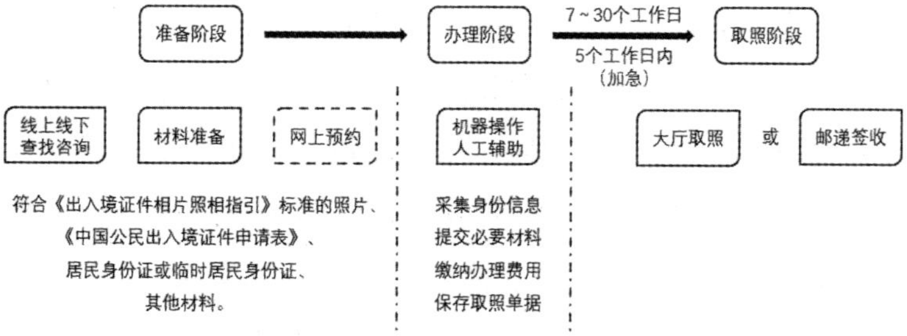


**图5－2　护照办理流程图**

资料来源：《普通护照签发服务指南》，国家移民管理局政务服务平台，https：//s. nia. gov. cn/mps/bszy/gmcrg/slpthz/201903/t20190313_1011. html。

## 案例拓展

北京市居民刘女士申请了美国某银行的工作职位，银行要求她2018年5月14日上午准时报到并签订劳动合同，逾期则合同作废。5月9日，刘女士来到北京市公安局出入境大厅办理护照。得知需要10个工作日才能取证时，她心急如焚。值班民警了解情况后，认为刘女士的情况符合"只跑一次"制度中的加急取证条件，便协助其办理了加急手续。几天后，刘女士及时拿到护照。激动万分的她连连称赞："'只跑一次'政策真是帮了大忙。"

刘女士所说的"只跑一次"制度由国家移民管理局于2018年5月1日起推出，将原来办理护照等出入境证件需要的制证照片采集、指纹采集、申请材料提交、面见核查、证件缴费等5个环节，集中在同一时间、同一场所办理；同时还为5种紧急办证情形群众开通了快速办证的

"绿色通道"。[1]

### （二）护照的使用

在使用护照之前，需要对护照的内容有所了解。护照中的第二页是资料页；第三页为请求页——这是国际上的通用做法，表示请求与问候；第四页至七页为备注页，用以打印各类加注（例如：护照补/换发加注等）；第八页至四十六页为签证页，这其中还印有中国著名的地点图样；第四十七页为应急资料页，同时有填写个人信息的部分；最后一页为注意事项页。另外，新版护照的封页还安有芯片，因而护照应避免放在高温、高湿度的环境下，也不能折叠和弯曲封面。

图中展示的是护照中最为重要的内容之一——资料页，下方的机读区打印有国际标准机读码，除此之外，还包括持证人姓名、性别、照片、出生日期、出生地点、持照人签名、护照类型、护照号码、签发机关、签发日期及有效期等内容。

护照是持证人的身份证件、国际旅行证件、证明国籍的合法证件、请求本国提供外交保护和领事保护的重要凭据，同时也是持证人有权回国的凭证。出入境、乘坐国际飞机、入住国外宾馆甚至是国外购物退税时，都需要用到护照；而当遇到例如撤侨等危机事件时，护照更是证明身份的重要凭证。

日常生活中，我们应当妥善保存自己及家人的护照，不能故意损坏，图中展示了部分护照使用的错误方式。

在收到护照后及出国旅行时，建议复印几份护照信息页以及护照内

---

① 《新中国护照变迁记：从严格审批到按需申领》，新华网，2018 年 5 月 21 日，http：//www.xinhuanet.com/politics/2018－05/21/c_1122860633.htm。（上网时间：2018 年 9 月 2 日）

已有的签证页，如果持有的是老版本护照，还需复印含有签名的最后一页，以备办理其他签证、入境及境外检查以及丢失护照原件时使用。

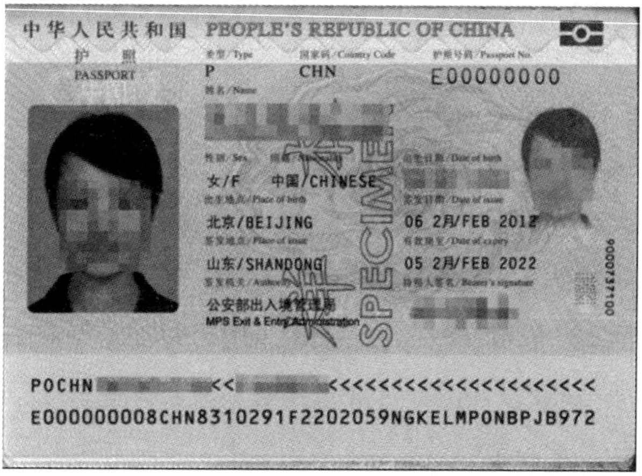


**图 5－3　中华人民共和国普通电子护照式样**

资料来源：《护照简介》（图文版），中国领事服务网，2021 年 11 月 9 日，http：//cs. mfa. gov. cn/zggmcg/hz/hzjj_660445/201410/t20141015_939513. shtml。

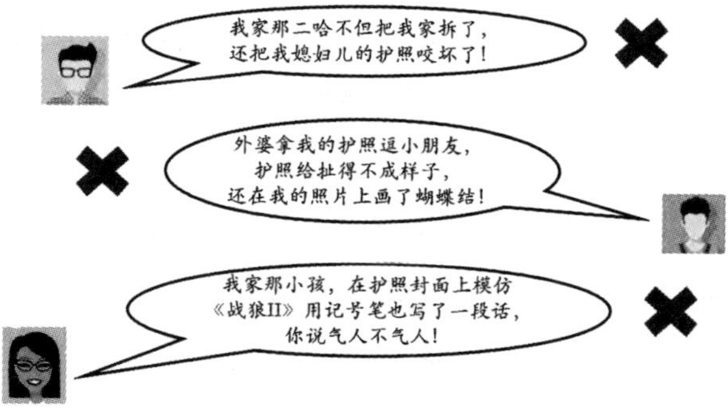


**图 5－4　护照的错误打开方式**

## 四、情景体验

### 护照丢失该怎么办?

【情景1】刘某（中国人）办好护照准备出国旅行，经过一个月的准备，她满心欢喜地来到首都国际机场的国际出发层。她准备拿出证件办理登机牌时，意外地发现自己的钱包不见了，里面有少量的现金和护照。她静下来想了想，可能是在挤地铁时被人偷了，还好钱包里的钱不多，身份证也在包里，不过护照不见了，确实让她很着急。她该怎么办?

【情景2】刘某（中国人）又准备出国啦！这次她做好了攻略，仔细检查了证件，准备去B国畅游了一番。在B国奥特莱斯血拼了整整一天后，她正准备办理退税手续时，忽然发现自己的护照又不见了。她原以为落在了宾馆，可回到宾馆后依然找不到自己的护照，此时的她焦头烂额，她该怎么办?

## 五、本节小结

- 总结护照的基础知识：护照的定义、历史及种类。
- 梳理护照的办理流程与使用方法。
- 掌握在现实情景中丢失护照的补救办法。

## 六、推荐材料

### （一）文献

黄金祺：《护照与签证》，《世界知识》1990年第11期。

叶氢：《论中国〈护照法〉的基本理念及其完善》，《广西民族大学学报》2008 年第 4 期。

范振水：《护照的故事》，《世界知识》2008 年第 23 期。

梁宝山：《实用领事知识》，世界知识出版社 2001 年版。

### （二）影像

《国宝档案》，2012 年 6 月 12 日。

### （三）其他

《“护行天下——华侨护照专题展”在侨乡泉州展出》，中国新闻网，2022 年 5 月 17 日，www. chinanews. com. cn/hr/2022/05 – 17/9756886. shtml。

## 第二节　签证

### 一、案例导入

#### 最后一张签证

2017 年 1 月 1 日，北京卫视开播中捷合拍的世界反法西斯战争题材电视连续剧《最后一张签证》，作为开年大戏，其为观众呈现了不一样的开年大局。该剧由著名编剧高满堂执笔，花箐导演，陈宝国、王雷、张静静、赵擎等新老实力派演员出演。它讲述了签证官普济州（王雷饰演）顶住重重压力，冒着巨大风险，与领事馆同仁一道，为犹太难民办理通往中国上海的签证的故事。[1] 该剧依托史实，改编自中国驻维也纳外交官何凤山及其同事无私帮助犹太人逃亡的真实故事。[2]

1938—1940 年间，纳粹德国吞并奥地利后，大批犹太人被捕入集中营。但纳粹当局同意，犹太人只要拥有他国签证，便允许离开。可是，在这关键时刻，不少国家都基于自身利益的考虑，严格限制向犹太人发放签证。何凤山顶住压力，勇敢地伸出援助之手，给数千名犹太人发放了逃离纳粹魔爪的“生命签证”，被誉为中国的“辛德勒”。

如今，何凤山被安葬在黑色的墓碑下。与墓志铭相对应的墓碑左侧的大理石上，刻着他生前自勉的诗句：“大造生才非偶尔，英雄立志岂徒然。而今愿集精与力，万里前程猛着鞭。”[3]

◆ 问题思考

- 什么是签证？签证包括哪些类型？
- 我们该如何办理和使用签证？

## 二、知识理论

本节将从三个方面展开有关签证的具体介绍：签证的定义、类型与形式、签证的历史、签证的办理和使用。

① 《最后一张签证》，人民网，2017 年 1 月 13 日，http：//ent. people. com. cn/n1/2017/0113/c233222－29022154. html。（上网时间：2018 年 10 月 26 日）

② 《中国辛德勒故事在捷克开拍》，新华网，2015 年 9 月 16 日，http：//www. xinhuanet. com//world/2015－09/16/c_128235161. htm。（上网时间：2018 年 10 月 26 日）

③ 《大造生才非偶尔 英雄立志岂徒然——访中国“辛德勒”何凤山墓地》，人民网，2015 年 8 月 21 日，http：//politics. people. com. cn/2015/0821/c1001－27497553. html。（上网时间：2018 年 10 月 26 日）

## （一）签证的定义、类型与形式

### 1. 签证的定义

签证是一国政府主管机关依照法律规章为申请入、出和过境的外国人颁发的一种书面许可证明。根据国际法原则，任何一个主权国家，有权自主决定是否允许外国人入出其国家，有权依照本国法律颁发签证、拒发签证或者对已经签发的签证宣布吊销。[①]

签证通常附载于申请人所持的护照或其他国际旅行证件上。在特殊情况下，凭有效护照或其他国际旅行证件可做在另外一张纸上。随着科技的进步，有些国家已经开始签发电子签证和生物签证，大大增强了签证的防伪功能。

签证在一国查控入出境人员、保护国土安全、防止非法移民和犯罪分子等方面发挥了重要作用。[②]

### 2. 签证的类型

世界各国的签证一般为入境签证和过境签证两个类别，有的国家还有出境签证。中国签证也分为入境签证和过境签证两个类别。

各国签证的种类多且不尽相同。根据持照人所持证件和访问事由的不同，一般将签证分为外交签证、公务（官员）签证和普通签证三种。对于普通签证，有的国家分为移民签证和非移民签证两种；有的国家分为旅游签证、访问签证、工作签证、学生签证、定居签证等。一些国家还设有礼遇签证。

---

① 《出国签证简介》，中国领事服务网，http：//cs. mfa. gov. cn/zggmcg/cgqz/cgqzjj_660464/。（上网时间：2018 年 10 月 26 日）

② 《出国签证简介》，中国领事服务网，http：//cs. mfa. gov. cn/zggmcg/cgqz/cgqzjj_660464/。（上网时间：2018 年 10 月 26 日）

中国签证分为外交签证、公务签证、普通签证和礼遇签证四种。①

---

**词汇拓展**

【签证类型】

外交签证（Diplomatic Visa）　礼遇签证（Courtesy Visa）

公务签证（Service Visa）　普通签证（Visa）

---

3. 签证的形式

签证在其发展过程中有不同的形式和称谓，例如签注式签证、章式签证、贴纸式签证，以及机读签证、个人签证、团体签证等。

（1）签注式签证

签注式签证指的是在有效护照上做简单的文字签注，注明准予持证人入出境的具体要求。早期的签证多采取此种形式。

（2）印章式签证

印章式签证指的是将签证的固定格式刻在印章上。在做签证时，将印章盖在申请人护照或其他旅行证件的签证页上，并填写必要的内容，全部过程由手工操作。随着技术的进步，已改用签证机代之，或用电脑按固定格式将签证的内容打印在护照上。

（3）贴纸签证

贴纸签证是将签证的内容按照固定的格式做在签证专用纸上，用不干胶将打印完成的签证贴在申请人的护照上。贴纸签证通常用计算机打印制作。美国的贴纸签证还将申请人的照片扫描在签证纸上。加拿大的贴纸签

---

① 钱其琛主编：《世界外交大辞典：M－Z》（下册），世界知识出版社2005年版，第1692页。

证上无申请人的照片，但附有防伪标记，并用塑封技术将此部分塑封。

（4）另纸签证

另纸签证指的是做在与护照或其他国际旅行证件分离的单页纸上的签证，是签证的一种特殊形式，必须与申请人所持的护照或其他国际旅行证件同时使用。关于另纸签证颁发的对象，不同国家有不同的规定。

（5）机读签证

机读签证指的是适用于机器阅读的签证。国际民航组织机读旅行证件咨询部在机读护照技术的基础上开发了一种用机器阅读和识别签证的技术，这种技术大大简化了国际旅行手续，缩短了通关时间。

（6）电子签证

一些国家还利用计算机网络和磁卡技术开发出“电子签证”或称“隐形签证”。澳大利亚和新加坡等国已开始试用这种签证。

（7）个人签证与团体签证

个人签证指的是做在每个申请人的护照或其他国际旅行证件上的签证。团体签证是指做在一个团体名单上的签证。持用同一团体签证的人员必须随团一同入出境。①

### （二）签证的历史

1. 签证的由来

签证是国家之间人员相互交流的产物。国家为了保护本国的安全和利益，在边境设置关卡查控过往人员的做法自古有之。到了近代，由于人口的流动和人员的交往日趋频繁，一些国家为加强管理，要求入出境人员持有有效护照。此后，又将签证附载于护照，作为国家查控入出境

---

① 《出国签证简介》，中国领事服务网，http：//cs.mfa.gov.cn/zggmcg/cgqz/cgqzjj_660464/。（上网时间：2018年10月26日）

人员的一种手段。

1815年维也纳会议文件载有关于签证的规定。1889年，俄国、土耳其等国要求外国人入境必须办妥签证。但是，在1914年第一次世界大战爆发前，世界上绝大多数国家对入出境人员既不要求持有护照，也不要求另附载签证。一战后，随着各国护照制度的建立，签证才作为一项制度被普遍采用。

第二次世界大战后，在冷战时期，世界各国出于国家安全利益和政治的考量，普遍通过本国立法或行政措施建立健全本国的护照和签证制度，加强对人员往来的管理。同时，通过本国立法，或双边、多边协议，采取简化或互免签证以至取消签证的措施，便利和促进国际旅行。[①]

2. 中国签证的历史

中国很早就有针对人员出入边境手续的规定和做法。中国古代与外国交往时，明文规定入出中国国境须取得许可证明。

唐朝法律规定，凡需越渡关塞要津者，须向官府申请并取得“过所”（如同现代的通行证）方可通行。明清时代，进出边境关塞要出示“路照”或“通关文牍”，并经官员查验后放行。中华民国时期，签证制度逐步建立。

1925年，中国东三省交涉总署批转下发《发给入境签证办法》，废止向外国人颁发“另纸护照”的做法，改为在外国人护照上颁发签证，并规定中国签证分为外交、普通、往返和过境四种。1930年，国民政府颁发《查验外人入境护照规则》，要求入境外国人所持护照必须经中国驻外使领馆的签证。

中华人民共和国成立后，在建立护照制度的同时也建立起相应的签

① 钱其琛主编：《世界外交大辞典：M－Z》（下册），世界知识出版社2005年版，第1691页。

证制度，颁发签证法规，同时许多国家在平等互惠的基础上达成简化或互免签证的协议。①

### （三）签证的办理和使用

1. 相关法律条例

随着时代的发展，中国也建立并逐步完善相关的签证制度。中华人民共和国国务院分别于 1980 年 5 月 13 日颁布《中华人民共和国护照签证条例》，2012 年 6 月 30 日颁布《中华人民共和国出境入境管理法》，2013 年 7 月 12 日颁布《中华人民共和国外国人入境出境管理条例》。

2. 签证的办理流程

按照国际惯例，申请签证必须履行一定的手续。一般需提交有效护照或其他国际旅行证件，填写签证申请表，提交本人近期两寸正面免冠照片，缴纳规定的费用，提供与申请入境、过境事由有关的证明等。有些国家还规定领事官员（移民官员）须与申请人面谈。申请签证手续的繁简由有关国家的国内签证法规、双边协议及国家关系决定。

外国人如欲前往中国，应向中国的外交代表机关、领事机关或外交部授权的其他驻外机关申请办理签证。在特定情况下，依照法律规定，外国人也可以向中国政府主管机关指定口岸的签证机关申请办理签证。②

3. 签证的使用

（1）外国人来华签证

中华人民共和国驻外使馆、领馆或者外交部委托的其他驻外机构负责在境外签发外国人入境签证。符合《中华人民共和国出境入境管理

---

① 钱其琛主编：《世界外交大辞典：M－Z》（下册），世界知识出版社 2005 年版，第 1691—1692 页。

② 钱其琛主编：《世界外交大辞典：M－Z》（下册），世界知识出版社 2005 年版，第 1692 页。

法》第二十条有关规定情形的外国人，可以在国务院批准办理口岸签证业务的口岸，向公安部委托的口岸签证机关申请办理口岸签证。①

来华普通签证分为以下类别，并在签证上标明相应的汉语拼音字母：

**表5-1　来华普通签证种类及申请人范围**

| 签证种类 | 申请人范围 |
| --- | --- |
| C | 执行乘务、航空、航运任务的国际列车乘务员、国际航空器机组人员、国际航行船舶的船员及船员随行家属和从事国际道路运输的汽车驾驶员 |
| D | 入境永久居留的人员 |
| F | 入境从事交流、访问、考察等活动的人员 |
| G | 经中国过境的人员 |
| J1 | 外国常驻（居留超过180日）中国新闻机构的外国常驻记者 |
| J2 | 入境进行短期（停留不超过180日）采访报道的外国记者 |
| L | 入境旅游人员 |
| M | 入境进行商业贸易活动的人员 |
| Q1 | 因家庭团聚申请赴中国居留的中国公民的家庭成员（配偶、父母、子女、子女的配偶、兄弟姐妹、祖父母、外祖父母、孙子女、外孙子女以及配偶的父母）和具有中国永久居留资格的外国人的家庭成员（配偶、父母、子女、子女的配偶、兄弟姐妹、祖父母、外祖父母、孙子女、外孙子女以及配偶的父母），以及因寄养等原因申请入境居留的人员 |
| Q2 | 入境短期（不超过180日）探亲的居住在中国境内的中国公民的亲属和具有中国永久居留资格的外国人的亲属 |
| R | 国家需要的外国高层次人才和急需紧缺专门人才 |
| S1 | 入境长期（超过180日）探亲的因工作、学习等事由在中国境内居留的外国人的配偶、父母、未满18周岁的子女、配偶的父母，以及因其他私人事务需要在中国境内居留的人员 |

① 《来华签证简介》，中国领事服务网，http://cs.mfa.gov.cn/wgrlh/lhqz/lhqzjj_660596/。(上网时间：2018年10月26日)

续表

| 签证种类 | 申请人范围 |
|---|---|
| S2 | 入境短期（不超过180日）探亲的因工作、学习等事由在中国境内停留居留的外国人的家庭成员（配偶、父母、子女、子女的配偶、兄弟姐妹、祖父母、外祖父母、孙子女、外孙子女以及配偶的父母）以及因其他私人事务需要在中国境内停留的人员 |
| X1 | 在中国境内长期（超过180日）学习的人员 |
| X2 | 在中国境内短期（不超过180日）学习的人员 |
| Z | 在中国境内工作的人员 |

资料来源：《中华人民共和国外国人入境出境管理条例》，中华人民共和国中央人民政府官网，2020年12月27日，http：//www. gov. cn/zhengce/2020 – 12/27/content_5574665. htm。

（2）中国人赴美国签证

A. 赴美签证类型

出行者所计划的旅行的目的及其他情况将决定根据美国移民法必须申请哪种签证，大体分为非移民签证和移民签证。

非移民签证是指美国驻中国各地使领馆签证处为试图前往美国短期逗留，包括旅游、短期工作、学习和交流的申请人提供的签证服务。①美国非移民签证主要有以下类型：

**表5－2　美国非移民签证类型及申请人范围**

| 签证类型 | 前往美国的目的和非移民签证类型 |
|---|---|
| B－1 | 业余运动员和职业运动员（以赢取奖金为唯一目标）B－1 |
| P | 运动员、艺术家、演艺人员 |

① 《美国签证服务》，美国驻华大使馆和领事馆官网，https：//china. usembassy – china. org. cn/zh/visas – zh/。（上网时间：2018年10月26日）

续表

| 签证类型 | 前往美国的目的和非移民签证类型 |
|---|---|
| E－3 | 澳大利亚工作者：专业人士 |
| BCC | 过境卡：墨西哥 |
| B－1 | 商务访客 |
| D | 乘务组成员（船舶或国际航班乘务人员） |
| A | 外交官和外国政府公职人员 |
| B－1 | 家庭雇员或保姆（必须陪同外国雇主） |
| G1－G5，NATO | 指定国际组织以及北大西洋公约组织（NATO）雇员 |
| J | 交流访问学者 |
| J－1 | 互惠生 |
| J－2 | J－1签证持有人的子女（21岁以下）或配偶 |
| J－1 | 教授、学者、老师 |
| J，Q | 国际文化事业 |
| K－1 | 未婚夫（妻） |
| A－2，NATO1－6 | 驻美外国军事人员 |
| O－1 | 在科学、艺术、教育、商业或体育领域有杰出才能的外国公民 |
| H－1B1 | 自由贸易协定专业人士：智利 |
| H－1B1 | 自由贸易协定专业人士：新加坡 |
| I | 新闻媒体工作者（媒体、记者） |
| L | 公司内部调职者 |
| B－2 | 寻求医疗服务的人士 |
| TN/TD | 北美自由贸易协定专业人士：墨西哥、加拿大 |
| H－1C | 前往缺乏医疗人才的地区从事护理工作的人士 |
| J－1，H－1B | 医师 |
| R | 宗教工作者 |
| H－1B | 从事特定技能领域的专业人士 |
| F－1 | 学生：就读学术机构和语言学校的学生 |
| F－2 | 学生亲属：F－1签证持有人的亲属 |
| M－1 | 学生：职业教育 |
| M－2 | 学生亲属：M－1签证持有人的亲属 |
| H－2A | 短期工作者：季节性农业 |
| H－2B | 短期工作者：非农业 |

续表

| 签证类型 | 前往美国的目的和非移民签证类型 |
| --- | --- |
| B－2 | 旅游、度假、观光客 |
| H－3 | 参加非就业性质的项目培训 |
| CW | 北马里亚纳群岛联邦的过渡工作者 |
| E－2 | 条约投资者 |
| E－1 | 条约交易者 |
| C | 过境 |
| T－1 | 人口贩卖受害者 |
| A1－2，G1－4，NATO1－6 | 在美国签证续签：A 类、G 类和 NATO 类 |

资料来源：《非移民签证类型列表》，美中签证信息服务网，https：//www. ustraveldocs. com/cn_zh/cn－niv－typeall. asp。

移民签证是指为希望去美国无限期或永久居留的申请人提供的签证。

B. 赴美非移民签证办理流程

第 1 步

确定需要申请的签证类型。每类签证都附有相应的申请条件和申请材料说明。

第 2 步

填写 DS－160 表，确保所有信息均正确无误。请牢记 DS－160 编号以便预约面谈时间。

第 3 步

签证申请费的缴纳。支付完成后，系统将为您创建个人资料，请务必妥善保管收据，以便通过收据编号预约签证面谈。

第 4 步

开始预约面谈时间。

需提供：a. 护照号码：请确保您填写至个人档案的护照号码与您护照上所显示的完全一致，并且必须以英文字母开头（如适用）。b. 签证申请缴费收据上的编号。c. DS－160 确认页上的十（10）位条形码编号。

在接下来的流程中，需要依次选择签证类型、输入个人信息、添加亲属、选择文件送达地址、确认签证费用的缴纳状态，最后一步是安排面谈时间。添加在此处的同行者必须与主申请人申请相同的签证类型。如果同行者需要申请不同签证，他（或她）需要单独申请。

第5步

请按照约定的时间到美国大使馆进行面谈。

第6步

如果签证获批，护照将寄送至您在预约面谈时选择的指定地点。①

---

**知识拓展**

中国人赴美移民签证和K类非移民签证。

美国驻广州总领事馆办理中国公民和居民的美国移民签证。这是中国唯一办理美国移民签证的领事馆。领事馆还可以受理第三国公民的移民签证申请。②

所有在中国大陆签发的移民和K类签证都在美国驻广州总领事馆办理。一般情况下，有意移民美国的人士，只有在移民申请获得美国公

---

① 《申请美国签证》，美中签证信息服务网，http：//www. ustraveldocs. com/cn_zh/cn－niv－visaapply. asp。（上网时间：2018年11月15日）

② 《美国签证服务》，美国驻华大使馆和领事馆官网，https：//china. usembassy－china. org. cn/zh/visas－zh/。（时间：2018年10月26日）

民及移民事务局（USCIS）批准后，才能办理移民签证。移民申请应由符合资格的亲属或准雇主向美国公民及移民事务局办事处提交。有关提交移民申请的具体信息，请参见美国公民及移民事务局网站。申请获得批准且签证排期到期（如适用）的个人，即有资格申请办理移民签证或K类非移民签证。移民签证申请人符合预约面谈条件时，美国签证中心或者美国驻广州总领事馆会通知申请人。K类签证申请人符合预约面谈条件时，美国驻广州总领事馆会发出通知。

除此之外，美国国务院正开始实行无纸化处理程序，以便更好地为签证申请人提供服务。

---

特别提醒，由于签证政策有时会进行调整，因此要从官方获取最新信息，如相关国家使领馆网站、签证中心和中国领事服务网等。办理签证一般步骤为：确定目的地，确定签证类型，获取信息、准备材料，确定送签地区，核对清单。

**（四）签证的作用**

根据国际法公认的准则，国家是否准许外国人入境，以及在什么条件下入境，是每个国家根据主权自主决定的事。同意或拒绝为申请人颁发签证是政府的公务行为，体现国家主权原则。一国政府在什么条件下准许或拒绝外国人入境，取决于该国的对外政策和国别政策，以及所承担的国际条约义务。

在国际舞台上，签证常被用作外交斗争的一种手段。一国政府往往利用给申请人颁发或拒发签证，以及在颁发签证上给予某种优遇或某种限制的办法，体现自己的政治态度和外交立场。

签证又是保卫国家安全的重要手段。各国常以拒发签证的办法不准可能危害国家安全、损害社会公共利益、破坏社会公共秩序的外国人入境。[1]

## 三、情景体验

### 赴美面签模拟

【情景1】假定你是一位要前往美国留学的学生，面对面签官提出的种种问题，你该如何回答呢？

角色：赴美留学学生、面签官。

模拟问答美国留学签证常问问题：

1. 你叫什么名字？今年多大了？
2. 你办签证的目的是什么？
3. 你在中学最喜欢的科目是什么？
4. 你参加过高考吗？
5. 你为什么不继续在中国的学习？
6. 你为什么想去美国深造？
7. 你的专业是什么？你为什么喜欢它？
8. 你有奖学金吗？
9. 你怎么能确保会从大学毕业？
10. 如果你在美国毕业后有工作机会，你准备怎么办？

【情景2】假定你计划去美国旅游，之前你已经被拒签过一次

---

① 钱其琛：《世界外交大辞典：M－Z》（下册），世界知识出版社2005年版，第1692页。

了，那么这一次面对面签官提出的问题，你该如何回答才能让自己通过呢？

角色：赴美旅游游客、面签官。

模拟问答美国旅游签证常问问题：

1. 你去过国外吗？你以前去过哪些国家？
2. 谁会提供你这次旅行的经费？
3. 你的年收入是多少？
4. 你结婚了吗？你有孩子吗？
5. 你拿户口本了吗？
6. 你打算在美国游览哪些城市和景点？
7. 你住在美国哪里？
8. 你在美国有亲戚或朋友吗？
9. 你会在美国待多久？

【情景3】你身边有没有被拒签的事例呢？采访并总结被拒签原因可能有哪些，面签回答时有哪些注意事项呢？

## 四、本节小结

- 总结签证的定义和类型。
- 梳理签证的历史由来及作用。
- 掌握签证的办理流程以及使用。

## 五、推荐材料

### （一）文献

张晓、王泱：《人才（R 字）签证制度：提升人才对外开放度——访国家外国专家局政策法规司司长高翔》，《国际人才交流》2018 年第 3 期。

金良浚：《世界各国签证与出入境指南》，中华工商联合出版社 2002 年版。

### （二）影像

《最后一张签证》，2017 年。

《BTV 档案：那些最后的签证“英国辛德勒”温顿传奇》，2017 年。

### （三）网站

中国签证申请服务中心网站，https：//www. visaforchina. cn/globle/。

中国领事服务网，http：//cs. mfa. gov. cn/。

美国驻华大使馆和领事馆网站，https：//china. usembassy – china. org. cn/zh/。

英国签证申请（中国大陆）官方网站，https：//www. vfsglobal. co. uk/cn/zh#latest – pdates_o = Article%20Date，Descending。

美中签证信息服务网，http：//www. ustraveldocs. com/cn_zh/index. html？firstTime = No。

美国国务院领事事务局网站，https：//travel. state. gov/content/travel/en/us – visas/tourism – visit/visitor. html。

## 第三节　领事认证公证

### 一、案例导入

**“克莱登大学”乱象**

著名作家、翻译家钱钟书先生小说《围城》中的主人公——方鸿渐，在欧洲留学四年倒换了三所大学，在伦敦、巴黎、柏林随便听了几门功课。无奈之下，他最终从爱尔兰骗子手中买了张子虚乌有的“克莱登大学”哲学博士学位文凭，四年后与苏文纨乘同一条船回国。

本来是文学作品中的虚构手法，却在如今成为真实发生的事。国外一些不法学校与国内的“黑心”中介机构联手，在留学市场上大唱“双簧”，利用国内学生不了解国外教育状况的弱点，趁机浑水摸鱼，筑起一座座骗人的“围城”。

美国是全球留学市场所谓的“风水宝地”，每年吸引着成千上万的学生。一些不法学校利用这块“金字招牌”大肆招生，从而使美国成为教育行骗事件的“重灾区”。最引人注目的莫过于“某香山大学事件”。该大学是一所在美国夏威夷州注册的地方性教育机构，其办学资质和文凭都未经美国政府认证，却自封“政府认证的国际性大学”，与国内某机构合作开设 MBA 项目。2003 年 7 月，该大学因在招生广告中擅自加上“政府认证”的头衔而被美国夏威夷州政府施以全额退回学生学费的处罚。可是，由于远隔重洋，国内学生在追讨学费时困难重重。

◆ 问题思考

- 在海外求学时，如何证明本人的学历呢？
- 驻外使领馆能够提供哪些证件服务呢？

## 二、知识理论

本节主要包含两部分内容，即领事认证与涉外公证，以下将分别进行详细介绍。

### （一）领事认证

1. 领事认证的概念

领事认证就是指一国外交、领事机构及其授权机构在公证文书或其他证明文书上，确认公证机构、相应机关或者认证机关的最后一个签字（签章）或印章属实的活动。办理领事认证的目的是使一国出具的公证书或有关文书能在另一国境内被有关当局所承认且具有法律效力，不致因怀疑文书上的签名或印章是否属实而影响文书的法律效力。[①] 办理领事认证的机关通常为外交部、被授权的外事机关和外交代表机关及领事机关。[②]

中国内地出具的有关涉外公证书或其他相关证明文书等在送往外国使用前，按照国际惯例和中国领事实践，一般情况下，需要办理外交部领事司或其授权的地方人民政府外事办公室和外国驻华使领馆的领事认证。反之，外国出具的有关文件在送往中国内地使用前，一般情况下，需在文书出具国当地办理公证和领事认证，再由中国驻该国使领馆办理

① 《中国领事认证指南（国内篇）》（2021 版），中国领事服务网，2021 年 6 月 15 日，http：//cs. mfa. gov. cn/zlbg/bgzl/gzrz/201202/P020211029840501111658. pdf。（上网时间：2022 年 11 月 19 日）

② 钱其琛主编：《世界外交大辞典：A – L》（上册），世界知识出版社 2005 年版，第 1221 页。

领事认证。

**词汇拓展**

【领事认证的英文表述】

领事认证 Consular Ratification　Authentication　Legalization

2. 领事认证的“单认证”与“双认证”

（1）国内领事认证的“单认证”

国内领事认证中的“单认证”，是指我国内出具的涉外公证书或商业文书拟送往国外使用前，办理好我国外交部领事司或其授权的地方外办的领事认证后，文书使用国告知，无需办理该国驻华使领馆的领事认证，文书使用国即可接受该文书。这通常被叫作“单认证”。①

（2）国内领事认证的“双认证”

我国涉外公证书或商业文书在送国外使用前，办理好我国外交部领事司或其授权的地方外办的领事认证后，还需按文书使用国要求办理该国驻华使领馆的领事认证，方可被文书使用国接受。这通常被叫作“双认证”。②

（3）如何得知所需办理的是“单认证”还是“双认证”？

一般情况下，应按照有关驻华使领馆和文书使用国的要求办理单认证或双认证。有关驻华使领馆办理领事认证的具体要求参见中国领事服

① 《中国领事认证指南（国内篇）》（2021 版），中国领事服务网，2021 年 6 月 15 日，http：//cs. mfa. gov. cn/zlbg/bgzl/gzrz/201202/P020211029840501111658. pdf。（上网时间：2022 年 11 月 19 日）

② 《中国领事认证指南（国内篇）》（2021 版），中国领事服务网，2021 年 6 月 15 日，http：//cs. mfa. gov. cn/zlbg/bgzl/gzrz/201202/P020211029840501111658. pdf。（上网时间：2022 年 11 月 19 日）

务网。[①]

**领事小贴士**

中国领事服务网网址：http://cs. mfa. gov. cn/。

您可登录中国领事服务网，选择“中国公民出国”“中国公民在海外”“外国人来华”“资料表格”和“办事指南”中的“领事认证”板块获取领事认证的相关信息。

**（二）国内领事认证的材料**

1. 商业类文书的国内领事认证

企业可直接委派本单位工作人员凭单位介绍信、个人有效身份证件及有关经济类涉外公证书、相关证明及单据等原件向外交部外事司申办领事认证。如企业无法直接派本单位工作人员到外交部领事司办理领事认证，也可委托所在省（市、区）被授权的地方外办代为办理。

2. 民事类涉外公证书的国内领事认证

国家公派出国人员或国家公派留学生，可凭您的《出国任务批件》或《公派留学人员申请护照登记表》的复印件、个人有效身份证件及涉外公证书原件直接到外交部领事司申办领事认证。非上述人员的领事认证申请应通过外交部授权的地方外办或在京代办机构办理。

1961 年《海牙关于取消外国公文认证要求的公约》

---

① 《中国领事认证指南（国内篇）》（2021 版），中国领事服务网，2021 年 6 月 15 日，http：//cs. mfa. gov. cn/zlbg/bgzl/gzrz/201202/P020211029840501111658. pdf。（上网时间：2022 年 11 月 19 日）

2005 年《中华人民共和国收养法》

2012 年《中华人民共和国民事诉讼法》

中外双边已签订的有效的领事条约、协定

### （三）领事认证新发展

2015 年 11 月 6 日，《领事认证办法》经由国务院批准，自 2016 年 3 月 1 日起施行。《领事认证办法》是我国第一部关于领事认证工作的专门立法，也是外交部制定的第一部涉及普通民众的涉外规章。《领事认证办法》共 6 章 39 条，在全面总结领事认证工作实践，借鉴主要国家立法经验的基础上，首次以立法的形式明确了领事认证的定义、领事认证机构和人员、领事认证程序、领事认证的审核标准、领事认证的效力、异议处理程序以及法律责任等内容。《领事认证办法》的实施将使领事认证工作更加公开透明，领事认证服务更加高效，领事认证文书公信力更有保障，中外文书流转更为流畅。

2018 年 3 月 8 日，外交部部长王毅在出席第十三届全国人大一次会议举行的记者会上回答中外记者提问时宣布，从 2018 年 3 月 9 日开始，中国所有驻外使领馆将统一大幅下调中国公民办理领事认证的费用，降幅达到三分之二，初步估算每年将为中国公民和企业节约上千万元人民币。① 如果中国与相关国家有更优惠的认证费用对等安排，将采取就低不就高的方式。领事服务更好地体现了“外交为民”和“以人为本”的原则。

---

① 《中国公民办理领事认证收费大幅下降》，中华人民共和国驻埃塞俄比亚联邦共和国大使馆官网，http：//et. china – embassy. org/chn/lsxx/t1541140。（上网时间：2019 年 9 月 3 日）

## （四）涉外公证

1. 涉外公证的概念

涉外公证是指中国的公证机关为适应当事人（个人和法人）在国（境）外的需要，对其发生在国内的法律行为和具有法律意义的文书或事实，而向国（境）外出具的文书。

其是国家为保证法律的正确实施，稳定社会经济民事流转秩序，预防纠纷，减少诉讼，保护公民、法人或者其他组织的合法权益而设立的一项预防性的司法证明制定。

2. 涉外公证的涉外因素

各国为保护本国公民和法人在国际经济、文化、科技、体育等领域的交往活动中的正当权益，针对所发生的一系列涉外民事关系等，都制定了完整的民事关系方面的有关法律，并得到国家强制力的保证。

涉外公证的涉外因素主要包括：公证法律关系的主体具有涉外因素；公证法律关系的客体具有涉外因素；公证书的适用地具有涉外因素。

3. 涉外公证的相关要求

（1）涉外公证书格式

根据我国《公证法》的有关规定，涉外公证书只能由涉外公证机构出具。在证词、格式及用纸等方面都有专门规定，而且必须有相关外文译文。普通公证书不能申办领事认证，也不能送往外国使用。①

---

① 《中国领事认证指南（国内篇）》（2021 版），中国领事服务网，2021 年 6 月 15 日，http：//cs. mfa. gov. cn/zlbg/bgzl/gzrz/201202/P020211029840501111658. pdf。（上网时间：2022 年 11 月 19 日）

（2）涉外公证书的时效性

部分种类的涉外公证书所涉及事实的真实性或权利与义务的关系具有可变性，如婚姻状况、未受刑事处分、授权委托等，因此，在申办领事认证前，请您先核对涉外公证书所涉及的内容是否属实有效。如公证书已失效，需重新办理公证后再申办领事认证。①

**知识拓展**

**中外学历证明的公证认证**

根据国际惯例，无论是中国内地送往外国使用的学历证明，还是外国送至中国内地使用的学历证明，一般均须办理公证和领事认证手续，目的是使一国的学历证明能够在另一国境内具有法律效力。②

中国国内送往外国使用的学历证明等，应在国内办理公证，并视需要办理认证手续。当事人身在国外、不便回国办理的，可以委托他人（国内亲友、律师等）办理。

中国公民在国外取得的毕业证书，应先办妥当地主管机关的公证认证手续，再向中国驻该国使领馆申请办理领事认证。此外，亦可回国后在国内办理教育部留学服务中心的学历认证。③

① 《中国领事认证指南（国内篇）》（2021 版），中国领事服务网，2021 年 6 月 15 日，http：//cs. mfa. gov. cn/zlbg/bgzl/gzrz/201202/P020211029840501111658. pdf。（上网时间：2022 年 11 月 19 日）

② 许育红：《公民领事服务指南》，法律出版社 2015 年版，第 131 页。

③ 《领事认证常见问答》，中国领事服务网，2021 年 11 月 13 日，http：//cs. mfa. gov. cn/zggmzhw/lsgz/cjwd_660575/。（上网时间：2022 年 11 月 20 日）

## 三、情景体验

### 领事证件服务模拟

【情景 1】旅居某国的中国公民李先生在当地大学毕业并取得毕业证书，想在中国境内谋职，询问该毕业证书如何申请领事认证？

【情景 2】中国公民张先生欲为其出生在国外的孩子在中国内地办理户口手续，中国内地公安机关要求其出示经我驻外使领馆认证的孩子的出生证明，应该怎么办？

## 四、本节小结

- 总结领事认证和涉外公证的定义。
- 梳理领事认证的类型和办理流程。
- 掌握涉外公证的办理方法。

## 五、推荐材料

### （一）文献

《中国领事认证指南（国内篇）》（2021 版），http：//cs. mfa. gov. cn/zlbg/bgzl/gzrz/201202/p02021/029840501111658. pdf。

许育红：《公民领事服务指南》，法律出版社 2015 年版。

### （二）网站

中国领事服务网，http：//cs. mfa. gov. cn/。

中华人民共和国外交部网站的领事服务专栏，http：//www. mfa. gov. cn。

## 第四节　涉外婚姻登记

### 一、案例导入

#### 三姐妹结婚[①]

随着时代的发展，涉外婚姻越来越常见，不仅很多明星步入涉外婚姻的殿堂，在我们的身边，涉外婚姻也不鲜见。老王一家定居A国多年，仍保留中国国籍，三个女儿在A国成长，已到了谈婚论嫁的年纪。大女儿阿慧认识的男朋友是在A国留学的中国留学生，二女儿阿芳的男朋友是在中国内地某城市工作的工程师，小女儿阿香的男朋友是A国小伙子。老王夫妇很高兴，认为三个女儿都找到心仪的男朋友，但问题来了，三个女儿情况各不一样，她们该在哪里结婚呢？驻外使领馆能为三姐妹提供哪些证件服务呢？

◆ 问题思考

- 王家三姐妹情况各不相同，她们该在哪里登记结婚呢？
- 驻外使领馆能为涉外婚姻登记提供哪些证件服务？

① 许育红：《公民领事服务指南》，法律出版社2015年版，第221页。

## 二、知识理论

### （一）涉外婚姻

涉外婚姻是指中国境内公民同外国人（包括常驻中国和临时来华的外国人、外籍华人及定居在中国的侨民）的婚姻[①]。其中主要包括涉外结婚和涉外离婚。根据中国法律，涉外婚姻是指中国公民同外国人、国内公民同华侨、内地居民同香港特别行政区、澳门特别行政区、台湾地区居民之间的婚姻。[②]

1. 结婚的条件

根据《婚姻登记条例》第六条规定，办理结婚登记的当事人有下列情形之一的，婚姻登记机关不予登记：

未到法定结婚年龄的；

非双方自愿的；

一方或者双方已有配偶的；

属于直系血亲或者三代以内旁系血亲的；

患有医学上认为不应当结婚的疾病的。[③]

根据《中华人民共和国婚姻登记条例》，中华人民共和国驻外使领馆可以依照本条例的有关规定，为男女双方均居住于驻在国的中国公民办理婚姻登记。

驻外使领馆办理结婚登记需满足以下条件：驻在国承认外国使领馆办理结婚登记；双方符合《中华人民共和国婚姻法》关于结婚的各项

---

① 钱其琛主编：《世界外交大辞典：M－Z》（下册），世界知识出版社 2005 年版，第 1814 页。

② 邹瑜：《法学大辞典》，中国政法大学出版社 1991 年版，第 12 页。

③ 《中华人民共和国中央人民政府婚姻登记条例》，中华人民共和国中央人民政府官网，http：//www.gov.cn/banshi/2005－08/21/content_25042.htm。（上网时间：2018 年 11 月 2 日）

条件；双方必须共同到使领馆自愿提出申请。

2. 结婚的材料

涉外婚姻登记所需准备的材料比一般婚姻登记复杂，接下来将分别为大家介绍不同身份应准备的材料：

中国内地居民：本人的户口簿、身份证；本人无配偶以及与对方当事人没有直系血亲和三代以内旁系血亲关系的签字声明。

中国港澳台居民：本人的有效通行证、身份证；经居住地公证机构公证的本人无配偶以及与对方当事人没有直系血亲和三代以内旁系血亲关系的声明。

华侨：本人的有效护照；居住国公证机构或者有权机关出具的、经中华人民共和国驻该国使（领）馆认证的本人无配偶以及与对方当事人没有直系血亲和三代以内旁系血亲关系的证明，或者中华人民共和国驻该国使（领）馆出具的本人无配偶以及与对方当事人没有直系血亲和三代以内旁系血亲关系的证明。

外国人：本人的有效护照或者其他有效的国际旅行证件；所在国公证机构或者有权机关出具的、经中华人民共和国驻该国使（领）馆认证或者该国驻华使（领）馆认证的本人无配偶的证明，或者所在国驻华使（领）馆出具的本人无配偶的证明。①

3. 结婚的地点和程序

根据《中国公民同外国人办理婚姻登记的几项规定》的规定，中国公民同外国人（包括常驻中国和临时来华的外国人、外籍华人、定居中国的侨民）在中国境内自愿结婚的，男女双方当事人必须共同到中国公民一方户口所在地的省、自治区、直辖市人民政府指定的婚姻登记机

① 《中华人民共和国中央人民政府婚姻登记条例》，中华人民共和国中央人民政府官网，http：//www.gov.cn/banshi/2005－08/21/content_25042.htm。（上网时间：2018 年 11 月 2 日）

关申请登记。

凡证件齐全、符合本规定的中国公民和外国人，可持证件和男女双方照片，到婚姻登记机关提出申请。经婚姻登记机关审查了解，符合中华人民共和国婚姻法和本规定的准予登记，1 个月内办理登记手续，发给结婚证。结婚证须贴有男女双方当事人照片，并加盖办理涉外婚姻登记的县级人民政府婚姻登记专用章（钢印）。

申请结婚的中国公民和外国人应向婚姻登记机关交纳婚姻证书工本费和登记手续费。所需翻译费由本人自理。①

**知识拓展**

虽然随着时代的发展，涉外婚姻已经越来越常见，但是 1983 年通过的《中国公民同外国人办理婚姻登记的几项规定》中规定了下列中国公民不能同外国人结婚：

现役军人、外交人员、公安人员、机要人员和其他掌握重大机密人员；

正在接受劳动教养和服刑的人。②

4. 离婚的条件

根据《婚姻登记条例》第十二条的规定，办理离婚登记的当事人有下列情形之一的，婚姻登记机关不予受理：

未达成离婚协议的；

① 《中国公民同外国人办理婚姻登记的几项规定》，中国领事服务网，http：//cs. mfa. gov. cn/zlbg/flfg/gzrzhyxg/t9786. shtml。（上网时间：2018 年 11 月 2 日）

② 《中国公民同外国人办理婚姻登记的几项规定》，中国领事服务网，http：//cs. mfa. gov. cn/zlbg/flfg/gzrzhyxg/t9786. shtml。（上网时间：2018 年 11 月 2 日）

属于无民事行为能力人或者限制民事行为能力人的；

其结婚登记不是在中国内地办理的。①

驻外使领馆办理离婚登记需满足以下条件：驻在国承认外国使领馆办理离婚登记，双方必须为完全民事行为能力的中国公民，当事人的婚姻关系在本馆依法缔结，双方必须亲自到使领馆申请协议离婚，双方自愿离婚，并对子女抚养、财产及债务等处理达成一致意见。

5. 离婚的材料

涉外离婚的材料也比一般离婚的材料复杂，具体包括：

中国内地居民：本人的户口簿、身份证；本人的结婚证；双方当事人共同签署的离婚协议书。

中国港澳台居民：本人的有效通行证、身份证；本人的结婚证；双方当事人共同签署的离婚协议书。

华侨及外国人：本人的有效护照或者其他有效的国际旅行证件；本人的结婚证；双方当事人共同签署的离婚协议书。②

6. 离婚的地点和程序

同结婚一样，中国公民同外国人在中国内地自愿离婚的，内地居民同香港居民、澳门居民、台湾居民、华侨在中国内地自愿离婚的，男女双方应当共同到内地居民常住户口所在地的婚姻登记机关办理离婚登记。

婚姻登记机关应当对离婚登记当事人出具的证件、证明材料进行审查并询问相关情况。对当事人确属自愿离婚，并已对子女抚养、财产、债务等问题达成一致处理意见的，应当当场予以登记，

---

① 《中华人民共和国中央人民政府婚姻登记条例》，中华人民共和国中央人民政府官网，http：//www. gov. cn/banshi/2005－08/21/content_25042. htm。（上网时间：2018 年 11 月 2 日）

② 《中华人民共和国中央人民政府婚姻登记条例》，中华人民共和国中央人民政府官网，http：//www. gov. cn/banshi/2005－08/21/content_25042. htm。（上网时间：2018 年 11 月 2 日）

发给离婚证。[1]

### （二）驻外使领馆的婚姻登记工作

在驻在国承认和接受的前提条件下，中国驻外使领馆可以根据《中华人民共和国民法典》、《婚姻登记条例》的有关规定为中国公民办理结婚登记和离婚登记。

1. 结婚登记

（1）驻在国承认外国驻该国使领馆办理的结婚登记；

（2）申请结婚的男女双方均为中国公民，且符合《中华人民共和国民法典》规定的关于结婚的各项条件；

（3）双方是居住于驻在国的中国公民；

（4）双方必须共同到使领馆自愿提出申请；

（5）双方提交有效护照、旅行证和居留证明；

（6）3 张二寸双方近期半身免冠合影彩色照片；

（7）再婚当事人应提交离婚证、离婚调解书或离婚判决书及生效证明书原件，丧偶当事人应提交相关证明；

（8）双方在领事官员面前亲自填写并签署《申请结婚登记声明书》；

（9）当事人宣读本人的《申请结婚登记声明书》；

（10）符合结婚条件的在《结婚登记审查处理表》的“当事人领证签名或按指印”处签名、捺指印并当场领取结婚证。

2. 离婚登记

（1）驻在国承认外国驻该国使领馆办理的离婚登记；

（2）婚姻当事人双方必须为具有完全民事行为能力的中国公民；

---

① 《中华人民共和国中央人民政府婚姻登记条例》，中华人民共和国中央人民政府官网，http：//www. gov. cn/banshi/2005 –08/21/content_25042. htm。（上网时间：2018 年 11 月 2 日）

（3）当事人婚姻关系系在本馆依法缔结；

（4）男女双方必须亲自到场；

（5）当事人双方自愿离婚，并对子女抚养、财产及债务等处理达成一致意见；

（6）双方提交有效护照、旅行证、居留证明和结婚证及双方各2张二寸单人近期半身免冠彩色照片和离婚协议书（一式三份）；

（7）在领事官员面前亲自填写并签署《离婚登记申请书》；

（8）离婚冷静期满后三十日内，当事人双方共同前往驻外使领馆申请发给离婚证。

（9）当事人在领事官员面前签署离婚协议。协议书由当事人双方各执一份，使领馆存档一份；

（10）符合离婚条件的，在《离婚登记审查处理表》“当事人领证签名或按指印”签署本人姓名、捺指印，当场领取离婚证。

3. 在中国驻外使领馆办理婚姻登记注意事项

（1）为保证婚姻登记的效力，应以驻在国法律承认领事婚姻登记为前提。有的国家不承认领事婚姻，有的国家承认领事婚姻，还有的国家承认领事结婚、而不承认领事离婚（如德国）。

（2）由中国驻外使领馆办理的结婚证或离婚证，不得任意拆装或涂改。如因当事人自行拆装或涂改文书引起的问题及相关责任，由当事人自行承担。

（3）在中国驻外使领馆办理的婚姻登记的效力受驻在国法律法规的影响。如一国调整相关法规，不再承认外国驻该国使领馆登记的婚姻关系的效力，可能会影响中国公民在当地或申办外国签证时正常使用驻外使领馆颁发的婚姻证件。

（4）尽管中国驻外使领馆与中国内地婚姻登记机关办理的婚姻登

记和颁发的结婚证具有同等效力，但由于护照是中国公民在国外证明国籍和身份的证件，驻外使领馆办理婚姻登记使用的以及颁发的婚姻证件上显示的均为护照信息。当事人持驻外使领馆颁发的婚姻证件在国内办理事务时，常被要求提供证明婚姻证件与国内身份证持有人为同一人的材料。因此，请结合自身实际情况，充分考虑日后使用需求等，适当选择在驻在国当地、国内婚姻登记机关或驻外使领馆办理婚姻登记手续。中国驻外使领馆在受理婚姻登记申请前亦会视情作出提醒。[①]

（5）中国驻外使领馆只为男女双方均为中国公民的当事人办理婚姻登记。如一方为外国公民，当事人可根据当地法律在当地办理相关手续。之后，如结婚证拟在中国境内使用，再办理结婚证的相关公证认证手续。[②]

由于婚姻登记工作可能具有细微差异或动态调整，具有办证需求的申请人需登录相关驻外使领馆官方网站进行查询，或径向领事窗口详细咨询。

---

**案例分析——三姐妹结婚**

运用刚刚学到的知识，请思考一下在中国驻 A 国的领事馆可以给哪一对恋人颁发结婚证呢？而对于不能颁发结婚证的情侣，中国驻 A 国的领事馆可以给予哪些帮助呢？

**答案**

a. 大女儿阿慧和在 A 国留学的中国籍留学生

在 A 国承认驻外使领馆婚姻登记效力的前提下，中国驻 A 国的领

① 《婚姻登记工作》，中国领事服务网，http：//cs. mfa. gov. cn/zggmzhw/hydj/。（上网时间：2020 年 6 月 30 日）

② 《婚姻登记常见问答》，中国领事服务网，2014 年 7 月 15 日，http：//cs. mfa. gov. cn/zggmzhw/hydj/cjwd_ 660592/201407/t20140715_ 961263. shtml。（上网时间：2022 年 6 月 30 日）

事可依法为大女儿阿慧和男朋友办理结婚登记并颁发中国结婚证。

b. 二女儿阿芳和中国内地工程师

中国驻A国的领事可依法为二女儿阿芳办理国内民政部门办理结婚登记需要的“无配偶声明书”签名属实公证，或“无配偶证明”的领事证明手续。

c. 三女儿阿香和A国小伙子

中国驻A国的领事可根据当地主管机关的要求，为三女儿阿香出具“结婚无障碍”的证明。

**领事小贴士**

婚姻是人生大事，选择涉外婚姻时应注意，与法律不吻合、破坏社会善良风俗或规避法律的婚姻不受保护，如一个已婚中国男子到某个允许一夫多妻制的国家后，又娶一个当地女子为妻，那么这段婚姻即使得到当地法律承认，这名外国妻子仍然不能分到丈夫在中国境内的遗产。如一名来自其他国家的男子要娶一名中国女子为妻，他必须是单身才不构成重婚，而他回国后的行为则不受中国法律约束。根据《中华人民共和国涉外民事关系法律适用法》，双方的结婚手续，只要符合婚姻缔结地法律、一方当事人经常居所地法律或者国籍国法律的，均为有效。而诉讼离婚，适用法院地法律。①

① 《不承认违背中国法律的涉外婚姻》，央视网，http：//tv. cntv. cn/video/C10616/9c29bd58e61740b0bd3d083c5f85c59a。（上网时间：2019 年 9 月 3 日）

## 三、情景体验

【情景1】1976年来到中国的苏恩卡里，在北京语言学院学了一年汉语后，次年进入上海华东纺织工学院。而在上海学习的时间里，他爱上了一个叫董美丽的姑娘。

1981年7月在要毕业回国之际，苏恩卡里萌生了一个想法：他想在回国之前与中国姑娘——董美丽结婚。然而在那个时代还没有一个非洲人能同中国女孩子结婚，反复思考之下，他决定成为第一个与中国姑娘结婚的非洲小伙子。10月13日，结婚证即送达苏恩卡里手中。

几天后，苏恩卡里带着结婚证飞往北京。眼前两张鲜红的结婚证着实令大使非常兴奋，他当下决定："我要为你们举办一个隆重的婚礼！"

于是，董美丽的母亲被请来了；近40个非洲国家的外交官，其中包括12位大使被请来了；几家外国通讯社的记者也被请来了。1981年10月31日这一天，婚礼大厅中央高悬马、中两国国旗，马里大使身披国旗绶带亲自为这对异国新人主婚。

对苏恩卡里婚事的反响超出人们的料想。不久，上海的非洲学生中又接二连三出了好几个"第一"：第一个扎伊尔人马贝嘎结婚了，第一个布隆迪人德奥结婚了，而且同样受到本国驻华大使的重视，大使为他们在北京举办了隆重的婚礼。①

角色：蒙科罗·苏恩卡里、董美丽、大使、董美丽母亲、记者等。

【情景2】2020年，假设你是一个来自M国在Z国S市读书的留学生卡里。你在S市的留学生活是那么美好，但是有时候你又觉得太过平

① 《那些年，冲破重围的跨国爱情》，《新民晚报》2013年9月30日，http：//xmwb. xinmin. cn/html/2013－09/30/content_64_1. htm。（上网时间：2018年11月2日）

淡。突然有一天，你遇到一个美丽的姑娘——“美丽”，你对她一见钟情。于是，你对她展开热烈的追求，并最终成功了！但是留学的时间是短暂的，很快你就要毕业了，你想在回国之前同美丽结婚，那么你需要准备哪些材料？去哪里进行结婚登记呢？

角色：M 国在 Z 国留学生（卡里）、Z 国学生（美丽）、领事等。

## 四、本节小结

- 查阅涉外婚姻的历史和现实案例。
- 驻外使领馆能为涉外婚姻提供的证件服务。
- 中国公民海外结婚的注意事项。

## 五、推荐材料

### （一）文献

周杏开：《涉外婚姻指南》，中山大学出版社 1992 年版。

### （二）法律法规

《中华人民共和国婚姻登记条例》。

《中华人民共和国婚姻法》。

《关于驻外使领馆处理华侨婚姻问题的若干规定》。

### （三）影像

《外国人在中国》，2017 年 11 月 18 日。

《HELLO 中国》，2014 年 12 月 4 日。

**(四) 网站**

中华人民共和国中央人民政府官网，http：//www. gov. cn/banshi/2005 -08/21/content_25042. htm。

全国人民代表大会官网，http：//www. npc. gov. cn。

# 第六章　领事保护

## 第一节　定义与原则

### 一、案例导入

**一个中国人都不能少**

近年来，领事保护相关题材影视作品如雨后春笋般在中国大地涌现，《战狼 II》《红海行动》等作品一次次刷新票房纪录，也让领事保护这个听起来“高大上”的词语飞入寻常百姓家。

2018 年新春伊始，一部战争片——《红海行动》在贺岁片扎堆的春节档中以口碑最佳拔得头筹。影片根据 2015 年也门撤侨事件改编而成，讲述了中国海军“蛟龙突击队”8 人小组奉命执行撤侨任务，突击队兵分两路进行救援，但不幸遭到伏击，导致人员伤亡，后在粉碎叛军武装首领的惊天阴谋中惨胜的故事。

“一个中国人都不许伤害”“一个中国侨民都不能少”，大国尊严、大国责任、大国气魄贯穿影片始终。故事展开过程中，并未回避战争的残酷，从而更加彰显了中国政府维护国家和公民海外权益的意志和能力，让观众强烈感受到一个负责任的大国守护世界和平的决心。

◆ 问题思考

- 什么是领事保护?
- 中国公民在海外遇到紧急情况时，祖国能为其提供哪些帮助?

## 二、知识理论

本节主要包含三部分内容：领事保护的定义、中国领事保护的历史以及领事保护的基本原则，以下将分别进行详细介绍。

### （一）领事保护

1. 领事保护的定义

领事保护是一个不断发展的概念。钱其琛主编的《世界外交大辞典》将“领事保护”定义为一国的领事机关或领事官员，根据派遣国的国家利益和对外政策，于国际法许可的限度内，在接受国保护派遣国及其国民的权利和利益的行为。①

领事保护是指派遣国的外交领事机关或领事官员，在国际法允许的范围内，在接受国保护派遣国的国家利益、本国公民和法人的合法权益的行为。②

以中国为例，《中国领事工作》中的“领事保护”是指中国公民、法人或机构的安全和合法权益在所在国受到侵害时，中国驻当地使领馆

① 钱其琛主编：《世界外交大辞典：A－L》（上册），世界知识出版社2005年版，第1215—1216页。

② 《领事常识》，中国领事服务网，http://cs.mfa.gov.cn/gyls/lscs/。（上网时间：2022年11月22日）

依法向驻在国有关当局反映有关要求，敦促对方依法公正、妥善处理，从而维护海外中国公民、机构的安全和合法权益。也就是说，当中国公民、法人的合法权益在驻在国受到不法侵害时，中国驻外使领馆依据公认的国际法原则、有关国际公约、双边条约或协定以及中国和驻在国的有关法律，反映有关要求，敦促驻在国当局依法公正、友好、妥善地处理。领事保护还包括中国驻外使领馆向中国公民或法人提供帮助或协助的行为，如提供国际旅行安全方面的信息、协助聘请律师和翻译、探视被羁押人员、协助撤离危险地区等。

因此，关于“领事保护”的定义处在不断发展与完善中。

2. 中国领事保护

当中国公民、法人的合法权益在驻在国受到不法侵害时，中国驻外使领馆依据公认的国际法原则、有关国际公约、双边条约或协定以及中国和驻在国的有关法律，反映有关要求，敦促驻在国当局依法公正、友好、妥善地处理。领事保护还包括我驻外使领馆向中国公民或法人提供帮助或协助的行为，如提供国际旅行安全方面的信息、协助聘请律师和翻译、探视被羁押人员、协助撤离危险地区等。[①]

**定义巧记**

实施领事保护的主体：中华人民共和国驻外使领馆。

领事保护与协助对象：依照《中华人民共和国国籍法》具有中国国籍者。

领事保护的内容：海外中国公民、法人在海外的合法权益。

领事保护的方式：依法依规。依据的法规主要包括公认的国际法原

① 《领事常识》，中国领事服务网，http：//cs. mfa. gov. cn/gyls/lscs/。（上网时间：2022年11月22日）

则、有关国际公约、双边条约或协定以及中国和驻在国的有关法律。

### （二）中国领事保护的历史

中华人民共和国成立以来，领事保护在不断探索的过程中向前发展，虽然经历过一些挫折，但在中国综合国力不断增强的同时，领事保护也不断发展。总体而言，领事保护的历史沿革可分为三个阶段：探索时期、巨变时期、机制化时期。

1. 探索时期（1949—1978 年）

中华人民共和国成立初期，因公出国人员、留学人员和旅游人员都比较少，1952—1978 年，累计只有 28 万人次，因为人数较少，所以领事保护案件数量也非常少。不过即使是这样，中华人民共和国还是形成了领事保护的初步框架。1954 年的《关于领事工作任务的初步规定》中就有"对华侨的正当权益采取积极保护措施"等规定。这是中华人民共和国第一个关于驻外外交、领事机构领事工作的规章。[①]

1955 年，外交部成立了领事司，处理国家领事工作。1959 年和 1960 年，中国与民主德国、苏联等签署了领事条约。但限于当时的国家综合国力，探索时期的领事保护工作也存在诸多不足。

2. 巨变时期（1979—2004 年）

1978 年的第十一届三中全会后，邓小平的"海外关系是个好东西"[②] 理论十分鼓舞人心，国家在发展中国特色社会主义经济的同

① 《新中国领事实践》编写组：《新中国领事实践》，世界知识出版社 1991 年版，第 120 页。

② 1977 年 10 月 2 日邓小平在《接见港澳同胞国庆代表团和香港知名人士利铭泽夫妇的讲话》中有这样一段话，"说什么'海外关系'复杂不能信任，这种说法是反动的。我们现在不是关系（海外关系）太多而是太少，这是个好东西，可以打开各方面的关系。"

时，也积极鼓励人民走出去。中国开始向世界敞开胸怀，同时也开始走出去拥抱世界。国家政策的调整促进了人口流动，这一时期的领事保护工作逐渐步入正轨。

第一，随着一系列国内法制的完善，领事保护不断制度化，领事保护能力也不断提升。1978 年的《中华人民共和国国籍法》草案和 1980 年的《中华人民共和国国籍法》扫清了领事保护工作的很多阻碍。1982 年宪法完善了对华人华侨利益的保护。1983 年的《中华人民共和国领事条例（试行）》、1986 年的《中华人民共和国外国人入境出境管理法》、1990 的《中华人民共和国领事特权与豁免条例》对中国驻外的领事官员和领事馆的职权、公民出入境管理和外国人出入境管理，以及外国驻华领馆及其官员的特权与豁免都做了详细规定。2000 年外交部开始发布《中国境外领事保护和服务指南》，以《指南》的方式弥补法律上的不足，使各种规定更为细化和具有可操作性。

第二，随着领事机构逐渐健全，领事保护工作对象不断增加。这主要体现在，中国在世界上多个国家建立了领馆。1979 年，中国领事保护伴随着外交工作一同取得重大进展。中国驻悉尼总领馆是中国驻外国的第一个总领馆。之后，中国又与美国、法国、联邦德国、意大利、日本、加拿大、英国、厄瓜多尔、巴西、罗马尼亚、土耳其、西班牙、墨西哥、澳大利亚、智利、比利时、苏联、朝鲜、瑞士、波兰、阿联酋、泰国、列支敦士登、匈牙利、伊朗达成互设或恢复领馆、总领馆的协议。截至 1989 年 11 月，中国在 22 个国家设立了 31 个领馆，中国公民出现较多的地方都有了中国领事的身影，这十分有效地保护了中国公民的利益和权利，方便了他们在当地的工作、生活和学习。

第三，领事条约的签署。1979 年 10 月，中国加入《维也纳领事关系公约》，标志着中国的领事保护工作开始与国际接轨，中国的领事保护工作逐渐走向成熟。1980年中美正式签署领事保护条约。之后，中国先后与南斯拉夫、波兰、意大利等14个国家签订了领事关系条约。截至2004年，中国同外国签订的双边领事条约已达到42个。

3. 机制化时期（2004年至今）

2004年对中国的领事保护工作来说是个具有重大意义的年份，这一年中国领事保护的发展迈入新时期，呈现出全面向前发展及日益机制化的趋势。

2004年宪法修正案将“尊重和保障人权”写入国家的根本大法。2004年7月，外交部涉外安全司成立。11月，“境外中国公民和机构安全保护工作部际联席会议”在北京成立，会议由国务院有关部委和军方等26个单位组成，常设办公室为外交部应急办。从2005年开始，中国先后制定《国家涉外突发事件应急预案》《中国公民出境旅游突发事件应急预案》《中华人民共和国突发事件应对法》《中华人民共和国驻外外交人员法》《中华人民共和国领事工作条例（征求意见稿）》和《海外安全风险评估和防范预警机制实施方案（暂行）》等多个法律法规。除了出台一系列相关法律法规外，中国还先后成立外交部应急领导小组办公室、办公厅值守应急办等领保机构，领事司领事保护处也升级为领事保护中心。国家也进一步加大对领事保护的投入，中国的领事保护发展进入蓬勃发展的机制化阶段。

**知识拓展**

涉及中国海外企业安全的主要规定：

《关于加强境外中资企业机构与人员安全保护工作的意见》

《防范和持之境外劳务事件的规定》

《关于建立境外劳务群体性事件预警机制的通知》

《境外中资企业机构和人员安全管理规定》

《境外中资企业机构和人员安全管理指南》

《对外投资安全境外安全事件应急响应和处置规定》

### （三）领事保护的基本原则

基于对领事保护概念、性质的认识，领事保护实践中通常奉行以下四个基本原则：国籍原则；合法原则；有限原则以及有理、有利、有节原则。

1. 国籍原则

凡依照《中华人民共和国国籍法》具有中国国籍者，都可以受到中国政府的领事保护。也就是说，只要是中国公民，无论是定居国外的华侨，还是临时出国的旅行者；无论是中国内地居民，还是香港、澳门和台湾同胞，都是中国驻外使领馆提供领事保护的对象。[①]

所以，中国公民在国外旅行期间，如需中国驻外使领馆提供领事保护，必须符合国籍原则和自愿原则，即：当事人应当提供足够证明本人系中国国籍的材料或信息；中国驻外使领馆实施领事保护，应当基于当事人要求或没有明示反对。

**案例拓展**

2010年1月12日，海地发生7.3级强震，吞噬20多万人的生命，全球发起救灾总动员。当时有美国媒体报道称，海地有数百名准备前往美国的闽籍偷渡客生死未卜，更严重的是，他们在当地政府没留下任何登记信息，针对当地居民的查对和搜救只能将他们遗漏在外。

---

① 《领事常识》，中国领事服务网，http：//cs. mfa. gov. cn/gyls/lscs/。（上网时间：2022年11月22日）

中国与海地尚未建立正式外交关系，这为救助包括偷渡者在内的华裔同胞更添了一份不利因素。地震发生后，我方立即启动应急机制，为身处海地的中国公民提供领事保护服务。

对于偷渡客问题，时任外交部领事保护司司长魏苇表示，领事保护的范围也包括当地20名左右中国非法移民，如果他们需要，也可以随其他中国公民一同撤离海地返回中国。魏苇说，对于这些中国非法移民，“我们将一视同仁地保护他们作为中国公民的基本权利”。①

2. 合法原则

驻外领事机构在进行领事保护时，必须在中国有关法律法规和规章制度的授权范围内，严格依据国际公约、多边公约和双边条约的有关原则与规则，且需考虑驻在国法律的限制。

对中国公民在外国的犯罪行为不能包庇，可主张适用犯罪发生地法律对当事人予以公正量刑，并对案件表示一定的关注，视情对当事人予以必要的协助。体现了合法行为受保护，违法行为不袒护。②

**案例拓展**

2013年11月3日坦桑尼亚《卫报》报道，坦警方在达累斯萨拉姆市逮捕了3名中国公民，当场收缴大量象牙。中国驻坦桑尼亚大使馆与坦政府相关部门核实相关情况，敦促坦警方依法办案，保障嫌疑人的基本人权。

中国驻坦使馆已通过当地媒体发表声明，强调中国政府一贯重视对

---

① 《揭秘中国领事保护：异国作客落难 谁来保护他们？》，人民网，2013年8月18日，http：//politics. people. com. cn/n/2013/0818/c70731 –22601193. html。（上网时间：2018年11月25日）

② 中华人民共和国外交部领事司编：《中国领事保护与协助指南》，世界知识出版社2018年版，第16页。

野生动物的保护，颁布了一系列法律法规，建立了多部门联合执法机制，是世界上对违犯野生动物保护法处罚最严厉的国家。

声明指出，中国驻坦大使吕友清和中国驻坦使馆强烈谴责杀戮大象和走私象牙的犯罪行径，坚决支持坦政府依法打击象牙走私的行动，愿积极提供相关协助。中国政府和中国警方将继续同坦政府和坦警方加强合作，共同努力，依法打击相关犯罪分子。①

3. 有限原则

根据国际法中有关管辖的一般原则，属地管辖优于属人管辖。中国公民在国外发生法律纠纷时，应首先适用驻在国法律对案件进行处理。驻外使领馆在驻在国实施领事保护没有强制力，只能通过交涉和做驻在国有关部门工作的方式，督促驻在国及其执法机关依法行事，公平公正合理处理，在法律政策允许的范围内，尽可能为当事人争取最大利益。因此，领事保护是有限度的。②

4. 有理、有利、有节原则

领事保护工作的目的是为了保护公民在外国的正当权益，维护国家的尊严，同时也要有利于当事人在居住国继续工作和生活，有利于侨民在当地的长期生存，有利于维护国家间的友好关系。对外交涉要本着有理、有利、有节的原则，既据理力争，又进退有余。③

---

① 《中国驻坦桑尼亚使馆及华侨社团强烈谴责走私象牙》，中国网，2013 年 11 月 5 日，http://www.china.com.cn/travel/txt/2013-11/05/content_30497719.htm。（上网时间：2018 年 11 月 25 日）

② 《中国领事工作》编写组编：《中国领事工作》（下册），世界知识出版社 2014 年版，第 578 页。

③ 《中国外交保护与领事保护辨析》，国务院侨务办公室官网，2007 年 5 月 11 日，http://www.gqb.gov.cn/news/2007/0511/1/4929.shtml。（上网时间：2018 年 11 月 17 日）

## 三、情景体验

【情景】中国某市赴越南旅行团一行 15 人结束行程后在所在酒店举行联欢会，酒足饭饱后各自回房间休息，其中一位女性游客在房间洗澡时遭到越方导游性骚扰，哭喊着跑到男友房间诉苦，男友及同伴一气之下，提着啤酒瓶下楼找导游理论，争执中一人用酒瓶打伤导游脑袋，血流满面，导游扬言要找人报复并索要高额赔款。旅行团以年轻人为主，后向中国驻越领馆求助……

角色：女游客 A、越南男导游 B、男友 C 及男友伙伴 D、领事等。

## 四、本节小结

- 领事保护的定义。
- 中国领事保护的三个发展阶段。
- 领事保护的原则。

## 五、推荐材料

### （一）文献

中国领事工作编写组：《中国领事工作》（上、下册），世界知识出版社 2014 年版。

《新中国领事实践》编写组：《新中国领事实践》，世界知识出版社 1991 年版。

《中国领事保护和协助指南》（2015 年版）。

《中国领事保护和协助指南》（2018 年版）。

**（二）网站**

中国领事服务网，http：//cs. mfa. gov. cn/。

中华人民共和国外交部网站的领事服务专栏，http：//www. mfa. gov. cn。

## 第二节　中华人民共和国的领事保护

### 一、案例导入

**载入史册的利比亚撤侨**

2011年1月，利比亚爆发内战，局势很快失控。当时，约有3万中国人在利比亚，主要分布在利比亚东部、西部、南部和首都地区，大多为从事铁路、通信和油田等行业的工程劳务人员，还有一些中餐馆经营者和留学生等人员。

中国政府决定启动国家一级响应，把在利中国公民一个不少地撤回来！

在撤侨行动最紧张时，经中央军委批准，空军首次派出4架伊尔－76飞机，于2011年2月27日飞赴利比亚执行接运中国在利比亚人员的任务。这4架伊尔－76运输机连续飞行12架次，单机总航程29397公里，将1655人接运至苏丹首都喀土穆，将287人安全接运至北京。

在发生重大自然灾害、战乱骚乱等紧急情况下，派军用飞机撤离本国侨民，符合国际通用做法。利比亚大撤侨被认为是中国军事、经济、外交实力的一次全面展现。在这次行动中，中国政府共动用91架次中国民航包机、35架次外航包机、12架次军机，租用外国邮轮11艘、国有商船5艘、军舰1艘，历时12天，成功撤离中国驻利比亚人员35860人，还帮助12个国家撤出2100名外籍公民。①

◆ 问题思考

- 面对海外紧急情况，中国外交部和驻外领事馆能为我们提供哪些保护？
- 为减少海外安全事故，外交部和驻外使领馆会采取哪些预防措施呢？
- 我们该如何预防海外安全事故的发生呢？

## 二、知识理论

本节将对中国领事保护的时代背景、应急性领事保护和预防性领事保护实践进行介绍。

### （一）领事保护的背景

改革开放以来，中国与世界各国的合作交流日趋频繁，人员往来大幅增加，越来越多的中国公民和企业走出国门，以商务、旅游、留学和探亲访友为主要目的的各类出国人员数量急剧增加，2005年突破3000万人次，2010年达5739万人次，2012年达8318万人次，2014年突破

① 《第一次动用军事力量撤侨：2011年利比亚大撤侨》，新华网，2017年8月15日，http://www.mod.gov.cn/education/2017-08/15/content_4788946.htm。（上网时间：2018年12月6日）

1 亿人次，2019 年超过 1.5 亿人次。

随着中国公民和机构的足迹遍布世界各地，他们遭遇各种风险的概率随之提升。特别是进入 21 世纪以来，国际安全形势复杂多样，传统安全风险和非传统安全风险并存，政治、经济、民族、宗教等多方面因素交织在一起，海外中国公民和机构所面临的安全风险明显加大。这些风险主要表现在以下六个方面：部分国家和地区政局动荡；地区恐怖主义和海盗活动猖獗；一些国家社会治安恶化，抢劫、盗窃等犯罪不断；世界范围内火山、地震、海啸等重大自然灾害频发；车祸、空难、火灾等意外事故多发；在境外工作的中国公民或遭遇不公正待遇，引发劳务纠纷。①

从以上迹象来看，领事保护工作的重要性显而易见。而不论是对公民个体，还是对实施领事保护的机构而言，最为关心的一点便是如何做到领事保护全覆盖。在不断的探索升级中，中华人民共和国的领事保护工作分为两大类：应急性领事保护工作和预防性领事保护工作。

### （二）应急性领事保护

应急性领事保护即在驻在国发生武装冲突、政治动乱、严重自然灾害、恐怖袭击等重大突发事件，中国公民因人身安全受到严重威胁而需要帮助时，驻外外交机构和驻外外交人员应当及时了解核实有关情况，敦促驻在国有关部门采取有效措施，保护中国公民人身安全。在确有必要且具备条件的情况下，可联系、协调有关组织或者机构提供救助。②

应急性领事保护大致囊括以下几个方面：

---

① 《中国领事工作》编写组编：《中国领事工作》（上册），世界知识出版社 2014 年版，第 331—332 页。

② 《中华人民共和国领事保护与协助工作条例（草案）》（征求意见稿），外交部官网，http：//cs. mfa. gov. cn/gyls/lsgz/fwxx/t1545294. shtml。（上网时间：2018 年 12 月 6 日）

第一，撤侨类：当外国国内发生大规模骚乱、战争、冲突等情况时，一国政府通过外交手段将侨居在国外的本国公民撤回本国行政区域内。

第二，武装和恐怖袭击、绑架类：本国公民在外国国境内遭到武装和恐怖袭击或是绑架事件时，一国政府通过外交手段并与当地有关部门合作，对其展开营救行动。

第三，海盗袭击类：本国公民、船舶在他国海域遭遇海盗劫持、袭击事件时，本国外交机构会同当地国家有关机构展开营救行动。

**案例拓展**

### "祥华门"号被劫持事件

2012 年 4 月 6 日，中国货轮"祥华门"号在伊朗南部海域遭海盗劫持，船上共有 28 名船员，全部为中国籍。事件发生后，中国外交部迅速启动应急机制，中国驻伊朗使馆与伊有关部门保持密切联系，积极展开营救行动。4 月 7 日 0 时 35 分，被劫持的中国货船"祥华门"号被伊朗海军解救，船上 28 名船员全部获救。其中，只有一人脚趾头受伤，海盗也全部被伊朗海军抓获。

第四，渔业纠纷类：本国公民在他国海域、本国与他国的海域边界，或本国与他国有争议的海域从事渔业活动时可能引起的纠纷。

第五，自然灾害类：当他国境内发生重大自然灾害后，一国通过外交行动与当地相关机构谈判沟通，为滞留在当地的本国公民排忧解难。

第六，意外事故类：当本国公民在他国发生意外事故后，该国外交机构同当地相关机构一同为遇难本国公民提供帮助。

第七，外国治安及刑事案件类：本国公民在他国境内遭遇杀害等刑事案件，该国外交机构会同当地有关部门展开调查。

第八，中国公民权益保护类：本国公民在他国境内的合法权益受到迫害，该国外交机构对此展开相应的外交行为。

**案例拓展**

**西班牙排华“烧鞋事件”**

2004年9月16日，西班牙埃尔切市的大批商家带人走上街头游行示威，并引起暴乱。在暴乱中，一些人不但设置路障，毁坏公共财物，而且想强行闯入华人在当地的公司。在没有得逞后，骚乱的人群拦住一辆华商运鞋的货车，并将车上的鞋子全部倒出来，放火焚毁。事件爆发后，中国政府高度重视，中国外交部同中国驻西班牙使馆多次向西方提出交涉，要求切实维护好在西华商的安全与合法利益。2011年5月3日，西班牙埃尔切市地方法院就2004年发生在该市焚烧华商仓库，烧毁大量中国鞋的恶性群体案件作出终审判决，28名肇事者分别被判处6个月至18个月有期徒刑，赔偿原告华商陈九松个人经济损失2.6万欧元。华商利益得到维护。①

**（三）预防性领事保护**

预防是最好的保护，是扭转领事保护被动应对局面的有效手段，是新形势下保护境外中国公民和机构安全与合法权益的重要方式。目前，外交部主要从以下九大方面来着手开展预防性领事保护工作：

① 《西班牙“烧鞋事件”终审 华商七年维权终赢官司》，中新网，2011年5月12日，http：//www.chinanews.com/hr/2011/05－12/3035409.shtml。（上网时间：2019年1月2日）

1. 建机制，促进领事保护工作科学长效发展

2004年，经国务院批准，外交部牵头会同商务部、公安部等26家部委，成立“境外中国公民和机构安全保护工作部际联席会议机制”，负责统一协调海外重大涉中国公民和机构安全事件的处置。机构自建立以来，外交部始终从全局和战略的高度出发，践行“以人为本，外交为民”的宗旨，不断完善机制的建设，推动机制规范化、系统化和专业化发展：

（1）2008年中国开始实施海外安全风险评估制度，对各国家和地区安全形势进行评估和预判；

（2）以部际联席会议机制为平台，构建中央、地方、驻外使领馆、企业和个人“五位一体”的境外安保工作联动网络；

（3）建立涉外渔业纠纷处置责任机制，如中国在非洲个体从业人员问题部际协调会机制、中国公民在非洲非法采金问题部际协调会机制等。①

**知识拓展**

## 部际联席会议

部际联席会议，是为了协商办理涉及国务院多个部门职责的事项，由国务院批准建立，各成员单位按照共同商定的工作制度，及时沟通情况，协调不同意见，以推动某项任务顺利落实的工作机制。

部际联席会议的建立均须履行报批手续，具体由牵头部门请示，明确其名称、召集人、牵头单位、成员单位、工作任务与规则等事项，经有关部门同意后，报国务院审批。部际联席会议工作任务结束后，应由

① 《中国领事工作》编写组编：《中国领事工作》（上册），世界知识出版社2014年版，第337页。

牵头部门提出撤销申请，说明部际联席会议的建立时间、撤销原因等，经成员单位同意后，报国务院审批。新建立的部际联席会议，由国务院领导同志牵头负责的，名称可冠“国务院”字样，其他的统一称“部际联席会议”。

部际联席会议不刻制印章，也不正式行文。如确需正式行文，可以牵头部门名义、使用牵头部门印章，也可以由有关成员单位联合行文。[①]

2. 抓国外，筑牢海外“民生工程”前沿阵地

在外交部的统一部署和指导下，各驻外使领馆以预防性领事保护为抓手，不断提升领事保护工作水平：

（1）摸排驻在国中国公民和机构信息，建立畅通联系；

（2）调动当地资源，发展领事保护联络员、领事保护志愿者；

（3）制定并更新、完善应对各类突发安全事件应急预案；

（4）加强和驻在国强力部门联系，敦促其切实维护中国公民和机构的合法权益。[②]

3. 促地方，调动地方参与领事保护工作积极性

尽管绝大多数领事保护案件发生在国外，但是根源在国内。作为处置领保案件的“大后方”，地方政府作用十分重要。针对地方，外交部主要通过以下四方面来调动地方的积极性：

（1）推动地方政府提高对领事保护工作的重视，加大对领事保护

① 《境外中国公民和机构安全保护工作联席会议召开》，中华人民共和国中央人民政府官网，http：//www. gov. cn/gz. dt/2007 –08/31/content_73332. htm。（上网时间：2021 年 12 月 6 日）

② 《中国领事工作》编写组编：《中国领事工作》（上册），世界知识出版社 2014 年版，第 337 页。

工作的投入；

（2）推动地方建立省级跨部门领事保护联动机制；

（3）创新机构建设，推动北京外办成立领事保护处，推动有关地方增设专门领事保护机构和培训基地；

（4）开展领事保护宣传周，推动领事保护知识深入基层、深入人心。①

4. 进企业，明确企业海外安全保护工作职责

随着时代的发展，越来越多的中国企业走出国门并在海外落地生根。海外的中资企业已经成为中国领事保护工作链上不可缺失的一环。多年来，外交部、商务部等不断加强对海外企业的安全指导：②

（1）推动"不培训，不派出"和"安全一票否决"制度，要求把海外员工的安全放在第一位；

（2）为敦促境外中资企业提高风险意识，加强防范能力，外交部会同国资委、商务部多次派出联合工作组赴境外开展中资企业安全巡视；③

（3）发布《中国企业海外安全风险防范指南》，进一步加强对企业的预防性领事保护工作。

5. 入校园，推出海外留学生安全教育工作新举措

为提高海外留学生群体风险意识，避免涉留学生安全案件频繁发生，外交部领事司与教育部留学服务中心合作，为出国留学生开展领保培训。④

---

① 《中国领事工作》编写组编：《中国领事工作》（上册），世界知识出版社2014年版，第338页。

② 《中国领事工作》编写组编：《中国领事工作》（上册），世界知识出版社2014年版，第338页。

③ 《领事专题：预防性领事保护工作》，中国领事服务网，http：//cs.mfa.gov.cn/gyls/lsgz/ztzl/lbtpz/yfxlsbhgz/t1118298.shtml。（上网时间：2018年12月8日）

④ 《领事专题：预防性领事保护工作》，中国领事服务网，http：//cs.mfa.gov.cn/gyls/lsgz/ztzl/lbtpz/yfxlsbhgz/t1118298.shtml。（上网时间：2018年12月8日）

◆ **活动策划**

如何在大中小学校开展“领保进校园”相关活动？

6. 建网站，开拓预防性领事保护知识发布新渠道

2011 年 11 月 22 日，外交部正式开通“中国领事服务网”，为出境中国公民和机构提供“一站式”海外安全信息和领事服务，以加强预防性领事保护。

7. 搭平台，创建领事保护安全提醒发送新途径

2011 年 9 月，外交部与工业和信息化部，联合三大运营商，向 200 多个国家和地区开通漫游功能的中国手机用户免费发送具有国别针对性的领事保护安全提醒短信。①。

◆ **思考活动**

请搜索并查阅手机领事保护提醒短信，思考以下问题：

- 这些短信有什么特点？
- 领事保护安全提醒短信对你有什么启示？

8. 发指南，多种语言图文并茂宣传普及领保知识

2006 年起，外交部每年更新并印发《中国领事保护和协助指南》；2011 年，为便于少数民族侨胞及时了解相关领事保护信息，外交部领事司与国家民委监督检查司合作，将《中国领事保护和协助指南》翻

① 《领事专题：预防性领事保护工作》，中国领事服务网，http：//cs. mfa. gov. cn/gyls/lsgz/ztzl/lbtpz/yfxlsbhgz/t1118298. shtml。（上网时间：2018 年 12 月 8 日）

译成蒙古、藏、维吾尔、哈萨克、朝鲜等语种。[1]

9. 用媒体，打造全天候、全方位领事保护知识舆论宣传模式

在互联网时代，媒体发挥着从未有过的重要作用，中国的领事保护工作也追赶着时代的潮流，从平面媒体、电视广播、网络微博等各项媒体入手，深入开展领事保护工作：

（1）长期开展日常性宣介。

（2）利用“外交小灵通”。领事直通车等平台及时发布海外安全提醒，并接受公民领事保护求助[2]。

## 三、情景体验

【情景】马尔代夫浮潜是许多外国人非常热衷的水上项目，然而部分中国游客安全意识不强，没有正确掌握浮潜器材的使用方法，又麻痹大意、擅自下水，由此导致多起溺水事故。

一对来马度蜜月的中国籍夫妇，丈夫下水浮潜时不幸溺水身亡，度假岛拒绝承担责任。妻子的父亲由于没有办理护照，短时间难以赴马料理后事，家属方面提出的索赔，于是他从国内领事服务网上查到驻马使馆的电话，打电话到使馆求助。作为领事保护工作人员的你应该如何处理呢？为避免此类案件再次发生，你接下来准备采取哪些措施呢？

角色：新婚妻子、新婚丈夫、新婚妻子的父亲、使馆人员、度假岛相关负责人等。

---

① 《中国领事工作》编写组编：《中国领事工作》（上册），世界知识出版社2014年版，第339—340页。

② 《中国领事工作》编写组编：《中国领事工作》（上册），世界知识出版社2014年版，第340页。

## 四、本节小结

- 中国应急性领事保护的类型和案例。
- 梳理中国预防性领事保护的九大措施。
- 请你从中国公民的角度出发，试分析应急性领事保护与预防性领事保护之间的关系，并分享对中国领事保护发展的看法。

## 五、推荐材料

### （一）文献

夏莉萍：《从利比亚事件透析中国领事保护机制建设》，《西亚非洲》2011 年第 9 期。

卢文刚、黎舒菡：《中美海外公民领事保护比较研究——基于应急管理生命周期理论的视角》，《社会主义研究》2015 年第 2 期。

卢文刚、黄小珍：《中国海外突发事件撤侨应急管理研究——以“5 · 13”越南打砸中资企业事件为例》，《东南亚研究》2014 年第 5 期。

黎海波：《中国领事保护可持续发展探析》，《现代国际关系》2016 年第 6 期。

夏莉萍：《中国地方政府参与领事保护探析》，《外交评论：外交学院学报》2017 年第 4 期。

### （二）影像

《利比亚撤侨行动——紧急起飞》，2011 年第 82 期。

《中国海军挺进深蓝》系列第三集《也门撤侨》，2018 年 4 月 18 日。

### （三）网站

中国领事服务网，http：//cs. mfa. gov. cn。

预防性领事保护，http：//cs. mfa. gov. cn/gyls/lsgz/ztzl/lbtpz/yfxlsbhgz/t1118298. shtml。

中华人民共和国中央人民政府官网，http：//www. gov. cn/。

## 第三节　领事保护国别研究

### 一、案例导入

#### 美国海地撤侨行动

当地时间2010年1月12日16时53分，加勒比岛国海地发生里氏7.3级大地震，首都太子港及全国大部分地区受灾情况严重。截至2010年1月26日，海地地震进入第15天，世界卫生组织确认，此次海地地震已造成22.25万人死亡，19.6万人受伤。

据路透社报道，美国军方1月15日宣布，美军第82空降师3500人将被派往海地参加地震后救援和安全维和工作。其中100人的先遣队已经于周四抵达海地，接管了在地震中受损的太子港机场，并派出士兵清扫跑道，建立起空中交通管理系统和气象系统。与此同时，美军五角大楼已经派出“卡尔文森”号航母和三艘两栖登陆舰赶赴海地，其中一艘登陆舰将可搭载2000名海军陆战队员。美国政府卫生与社会福利部也宣布将派遣300名医疗队员赶赴海地，另外还有1.2万名预备人员随时准备参加海地后续救援。

但是，美国空军控制的太子港机场几乎变成美国人专用机场，一切以撤离美国公民为优先，连其他国家的救援飞机也不允许降落。法新社报道说，一架载运野站医院设备的法国飞机要求降落，但无法获得美军控制的机场的许可。法国外交部长已正式向美国驻法国大使馆提出抗议。①

◆ 问题思考

• 查阅相关资料，总结出在海地撤侨行动中都有哪些美国机构发挥了作用？

• 美国的领事保护工作具有哪些特点？

• 英美领事保护工作包括哪些内容？对中国有哪些启示？

## 二、知识理论

本节主要包含两部分内容：西方主要发达的领事保护制度和对中国领事保护的启示。

### （一）西方主要发达国家领事保护制度

随着冷战的结束与科学技术的突飞猛进，全球化有了更深入的发展。特别是20世纪90年代以来，国际安全形势日益复杂，领事保护工作也越来越受到各国政府的重视。西方主要发达国家是领事保护制度的先行者，因而研究其领事保护制度具有十分重要的意义。在本节，我们

① 夏莉萍：《从利比亚事件透析中国领事保护机制建设》，《西亚非洲》2011年第9期，第104—119页。

选取英国、美国作为主要对象进行研究。

1. 英国领事保护制度

（1）通过网站发布旅行建议和安全提示

英国外交、联邦和发展事务部[①]通过网站提供关于世界上每个国家的旅行建议，并列出关于200多个国家和地区的安全提示。在旅行建议中将有情况危险的国家分为两类：一类是反对英国公民以任何理由前往的国家；一类是只是必要的情况下才可以前去的国家。此外，还向公众介绍应如何面对各种突发情况及领事官员在不同情况下可以提供的帮助，特点是用领事保护的实际案例来对民众进行预先警告。

（2）通过出版物介绍世界各国情况

英国外交、联邦和发展事务部出版了一系列出版物，这些出版物介绍了世界各国的情况，内容涉及恐怖活动、犯罪活动、不同方式旅行的安全性、当地风俗习惯、对同性恋的态度、入境要求、有无流行疾病、自然灾害、使用信用卡是否方便、自动取款机的使用情况等。其中最重要的一本书名为《帮助海外英国公民》，其囊括了基本的安全提示。此外，还有《海外英国囚犯》《在国外的监狱中》《安全旅行简明指导》等。这些都可以从网上下载，也可以从网上订阅书面材料。

（3）专门为在海外经营的英国公司提供关于世界各国安全和政治风险方面的信息

英国外交、联邦和发展事务部提供的安全信息涉及恐怖主义、治安、政局、执法情况、知识产权等问题。提醒英国公司应注意查询外交、联邦和发展事务部旅行提示的内容，因为这是了解某个国家政局变化最新消息的最佳途径。英国公司也可以在网上登记，接受外交、联邦

① 2020年6月16日，英国首相鲍里斯·约翰逊宣布外交和联邦事务部将与国际发展部合并组建为外交、联邦和发展事务部，于2020年9月正式成立。

和发展事务部提供的有关这方面的电子邮件服务。如发生紧急情况，国内公司人员可致电外交部总机，转紧急中心。在国外，公司可与大使馆、英国高级专员公署和总领事馆专门为在国外的英国企业提供安全信息服务的协调员联系。如果与驻外使领馆的协调员联系有困难，可以通过外交部的全球商业组获得各驻外使领馆的协调员的详细情况。

（4）政府和非政府机构合作，通过多种方式对公众进行有关国外安全的宣传和教育

通过外交、联邦和发展事务部网站；通过电话、传真或领事司的电子邮件；领事司还印刷了很多手册，介绍领事服务和领事保护，以增进公民对领事工作的了解，减少他们对领事的某些不切实际的期望（这些手册在公共图书馆和机场都可获得，颁发每一本新护照时都免费赠送，手册的内容还可以从外交、联邦和发展事务部网站上下载）；通过英国广播公司和其他电视台播放介绍领事服务和领事保护的内容。2001 年 6 月，外交、联邦和发展事务部在全国发起一场大规模的群众活动“出发之前先了解情况”（Know Before You Go），目的是向广大公众传达这样一个信息：出国旅行之前要上好保险并浏览外交、联邦和发展事务部网站上的安全提示和旅行建议。140 多家旅游公司和保险公司与外交部签署了活动章程，积极参加宣传活动，一些电视节目制作专家也参与其中。活动的宣传面包括 1800 万读者、1100 万听众和 200 万电视观众。此外，外交、联邦和发展事务部还组织了一些小规模的宣传活动，向公众宣传徒步背包旅行者如何在国外注意安全，如何在国外警惕毒品陷阱，如何保证世界杯赛期间的安全等。

（5）在领事预警费用方面，外交和联邦事务部采取更多地与旅行

社和保险公司合作的方式来减少在此方面的开支。[①] 例如，外交、联邦和发展事务部与旅游业机构、保险业机构合作，通过多种渠道向客户散发外交、联邦和发展事务部的旅行建议，敦促旅客在出国旅游之前购买相关的保险。不少英国旅行社将外交、联邦和发展事务部的旅行建议装订成册发给客户，或将这些旅行建议挂到旅行社的网站上，或在旅游胜地的欢迎仪式上强调在当地旅游时应注意的安全事项。英国保险业协会提出，保险业机构应将政府发出的警告作为保险业风险评估的借鉴，如果当事人不顾旅行建议前往相关国家，保险公司将不负责赔偿因此所造成的损失。在各方的共同努力下，越来越多的公民出国之前购买了保险。如有公民在国外遇到困难，保险公司可以偿付部分或全部资金，大大减轻了政府处理领事保护案例的经济负担。[②]

2. 美国领事保护制度

美国领事保护制度主要包括以下几方面内容：

（1）美国通过多种渠道向公民提供所需的国外安全信息

美国公民既可以通过官方渠道，也可以通过民间渠道；既可以通过网络，也可以通过电话、宣传手册或海外美国公民组织来获得相关的海外安全信息和旅行建议。

美国国务院领事事务局有专门的领事信息计划，为公民提供海外安全信息并发布旅行警告。该计划由领事信息手册、旅行警告和公告三部分组成，目的是向将要出国的美国公民提供海外安全方面的信息服务。领事信息手册向美国公民提供世界上每个国家（207 个国家和地区）的相关情况，如卫生状况、治安状况、不寻常的货币情况、入境要求、局

---

① 夏莉萍：《20 世纪 90 年代以来英国领事保护机制改革：挑战与应对》，《外交评论》2009 年第 4 期。

② 夏莉萍：《领事保护机制改革研究：主要发达国家的视角》，北京出版社 2011 年版，第 244—245 页。

势不稳区域、距离最近的美国使领馆地址等。若某个国家局势动荡、形势危险，或有恐怖活动，或因美国和该国没有外交关系而在协助公民摆脱险境方面有困难，国务院会发布旅行警告，建议美国公民暂缓前往该国。国务院网站上列有美国公民应避免前往的国家名单。公告的内容关于某些特定国家的恐怖威胁情况或威胁到美国公民安全的短期特殊情况。这三种预警材料不仅可以在国务院网站查阅并下载，美国国务院和驻外使领馆还免费提供书面材料。

美国国务院还设置了电话预警信息服务。最新的旅行和安全信息可以通过拨打电话获得，在美国国内拨打该电话免费，在国外拨打按正常话费收取。除了联邦假日外，电话从星期一到星期五每天早 8 点到晚 8 点都开通。

美国国务院和其他政府部门印刷了一系列出国宣传手册。为了加强出国公民的安全保护意识，国务院通过宣传单册提出各种信息和建议。如《对居住在国外的美国公民的提示》，介绍美国使领馆为美国公民提供的服务。登录国务院网站，还可以获取一些这份小册子没有提到的指导意见。《背景记录》是纪实出版物，内容涉及世界上所有与美国有外交关系的国家，包括这些国家的面积、居民、历史、政府、政局、经济及与美国的关系等。

海外美国公民组织也可以提供有关的海外安全信息。美国国务院向公民建议，了解一个国家最好的方法就是向曾住在该国的人打听情况。如果某个国家有大量的美国人住在那儿，肯定有美国商会或联系两种文化的组织和俱乐部，这些组织都是获取信息的来源。如果在该国居住的美国人比较少，可以通过当地的国际俱乐部了解情况。美国大使馆的领事部或领事馆可以协助美国公民与这些组织取得联系。①

（2）美国关于领事保护的相对完善的法律法规

美国国务院将有关领事保护的法规汇集成册，编纂了国务院《外交手册》。手册第七卷集中详细地规定了领事事务，共分为19节，包括一般规定、机构设置、领事登记、双重国籍问题处理、失踪人口、死亡事件处理、个人财产、突发事件中的资金和医疗协助、逮捕、公证和鉴定、对外国人和第三国利益的保护、美国公民身份和国籍的取得与丧失、护照、出生、结婚和离婚、投票权、引渡、儿童问题、危机状况处理、严重刑事犯罪受害人协助等内容，并根据美国签署的多边条约、双边条约、国内立法的发展，及时做出更新。②

### （二）对中国领事保护的启示

美英两国领事保护制度对中国有以下几点启示：

首先在宣传渠道上，两国政府通过多渠道向公民提供领事保护预警信息，网络、电话、书面材料、电视、广播、公众活动都可以作为有效渠道为公民提供相关信息。英国在向公民颁发每一本新护照时附上宣传材料的做法也可参考。开展让广大公众有机会参与的大规模的宣传活动也是普及领事保护知识和海外安全信息的有效方式。

其次在宣传内容上，两国的宣传内容分门别类、生动细致。可将每年领事保护工作中的典型案例汇编成册，也可以将各种类型的案件分别编成小册子，用实际的案例来做宣传教育，配上图片，宣传效果会更佳。另外，在宣传中增加或加强有关保险的宣传内容也非常重要。中国

---

① 夏莉萍：《美英领事保护预警机制的特点及对我国的启示》，《外交评论》2006年第2期。

② 卢文刚、黎舒菡：《中美海外公民领事保护比较研究——基于应急管理生命周期理论的视角》，《社会主义研究》2015年第2期。

公民的保险意识较为薄弱。目前，有些国家已要求签证申请人出示已上保险的证明才可以申办签证。

最后在参与领事保护预警机制的建设方面，英美两国不仅有国务院与外交和联邦事务部的参与，还有民间机构，如慈善机构等的协助，同时十分重视与海外本国企业在安全信息方面进行沟通与合作。不仅减轻了政府部门的工作量，减少了开支，而且能更广泛地了解海外公民和企业对安全信息的需求，起到更好的预防效果。另外，值得注意的是，两国在发行这方面的宣传材料时，收费和免费材料都有。向企业提供一些经过系统调查得出的收费的海外安全信息，也是合情合理的。①

## 三、情景体验

【任务】请选择一个国家（发达国家或发展中国家），研究这个国家的领事保护制度、案例和启示。

## 四、本节小结

- 总结英国领事保护制度的内容。
- 总结美国领事保护制度的内容。
- 分析英美领事保护制度的启示。

## 五、推荐材料

### （一）文献

夏莉萍：《20 世纪 90 年代以来英国领事保护机制改革：挑战与应

① 夏莉萍：《美英领事保护预警机制的特点及对我国的启示》，《外交评论》2006 年第 2 期。

对》，《外交评论》2009 年第 4 期。

夏莉萍：《美英领事保护预警机制的特点及对我国的启示》，《外交评论》2006 年第 2 期。

卢文刚、黎舒菡：《中美海外公民领事保护比较研究——基于应急管理生命周期理论的视角》，《社会主义研究》2015 年第 2 期。

### （二）网站

英国外交、联邦和发展事务部网站，https：//www. gov. uk/government/organisations/foreign – commonwealth – development – office。

美国国务院网站，https：//www. state. gov/。

美国驻华大使馆和领事馆网站，https：//china. usembassy – china. org. cn/zh/。

# 第七章　侨务工作

## 第一节　晚清与民国时期的侨务工作

### 一、案例导入

**南侨机工——蒋印生**

1927年，蒋印生出生在印度加尔各答，父亲经商，哥哥是医生，家庭条件还算优裕。“有一次，我跟父亲外出。过海关时，工作人员一脸不屑，看完护照盖完章后，随手就扔到地上。”蒋印生回忆，父亲捡起护照后告诉自己，祖国不富强，海外华侨再有钱也没地位。蒋印生也记得很多高档场所明文禁止中国人进入，从那时起，爱国的种子便在年幼的蒋印生心中生根发芽。

抗战爆发后，中国笼罩在硝烟中，江山沦陷，滇缅公路成为战时西南大后方的“生命线”，急需大批技术娴熟的司机与机修人员。那时，得益于做医生的哥哥自己有辆车，13岁的蒋印生已经偷偷学会驾驶。“我瞒着父母，偷偷报名参加了南洋华侨机工回国服务团。”在东南亚华侨领袖陈嘉庚号召下，蒋印生决定回国参加抗日战争。“为了祖国，不当亡国之奴！”怀着满腔热血，他和4名同学成为第九批南侨机工。

在被称为“死亡公路”的滇缅公路上，3000多名华侨青年冒着纷飞战火，夜以继日地抢运军需物资及兵员，用生命和血汗打通了一条“抗战输血线”。据了解，直至1942年，滇缅公路运输被切断，蒋印生等南侨机工通过滇缅公路，为抗日前线运输的军需品和其他物资共计45.2万吨，平均每日，军事物资输入量保持在300吨以上。但这些年轻人中，有近半数人失踪或殒命，永远倒在滇缅公路上。①

---

◆ 问题思考

- 除了南侨机工，晚清和民国时期还有哪些华侨故事呢？
- 晚清和民国时期的侨务工作包括哪些内容？

## 二、知识理论

本节将对晚清和民国时期的侨务工作情况进行梳理介绍。

### （一）晚清时期的侨务工作

1. 背景

明末清初，由于抗清斗争失败，成千上万不服清朝统治的抗清志士纷纷流亡海外。此外，明末清初的战乱及清初的海禁“迁界令”，迫使“尽失故业”、流离失所的沿海人民冒着生命危险移居海外。因此，清代流向海外的人数相当多。

---

① 《抗战爆发，这位不满13岁少年的人生轨迹在滇缅公路拐弯——记全世界唯一健在南侨机工蒋印生》，新华网，2021年9月4日，http：//api.xinhua-news.com/newroute/newsdetail/101002021090400000792？dest=AXcz5saaOWDqpEpvfCYaaLRfESwq2m5ujmE3TWwpeelo?。（上网时间：2022年11月23日）

2. 机构及政策

(1) 清代前期对华侨实行加意防范、预为措置的政策

清初，反清复明烽烟四起。鉴于此，清初统治者害怕内地汉人和海外华侨联合起来共同对抗清政府，从康熙开始就对海外华侨心存疑虑。他多次令手下密切注视华侨动态。清政府统一台湾地区之后，曾派熟悉海道的人出入东、西洋，招访郑氏有无遁逆之人。1708 年，康熙便派遣织造乌林达莫尔森改扮商人，赴日本暗查探视。

(2) 康熙时期对华侨实行“大赦”，准华侨回籍

康熙后期，为消除海外华侨带来的隐患，清政府制定了一些针对海外华侨的措施。康熙五十六年（1717 年），清廷九卿在商议禁止南洋贸易一案时曾经议定：“凡出洋久留者，该督行文外国，将留下之人令其解回立斩。”但这项措施未能得到真正意义上的贯彻执行，更没有收到什么效果。于是，清廷的大臣们围绕这个问题展开讨论，提出各种处置方案。最后，康熙权衡利弊，决定对华侨实行“大赦”。

清政府还采取限令华侨归籍的措施。1717 年，清政府禁止商船前往南洋贸易，限令华侨回籍。清廷禁止商民到南洋吕宋、噶喇叭进行贸易活动。而定期限令华侨回籍则是为了将转徙异邦的中国人重新置于清政府的统治之下，以免在海外滋事。对移居海外的中国人加意防范是清政府统治者制定侨务政策的指导思想。

(3) 乾隆对华侨采取“鄙弃政策”

无论是雍正还是乾隆，基本上都沿袭了康熙的侨务政策。雍正十分赞同康熙时期制定的一系列侨务政策。事实上，为了维护大清基业，在处理华侨问题上，雍正比康熙更谨慎。到了乾隆时期，他改变以往的侨务政策，制定了“鄙弃华侨”的政策。乾隆五年（1740 年）南洋发生红溪惨案。处于国力鼎盛的乾隆清政府对此事居然没有做出任何反应，

认为其孽由自取。从清政府对红溪惨案置若罔闻的态度可以看出，清初统治者对华侨是持鄙弃态度的。这一后果是由封建统治者的阶级本质所决定的，它体现了清朝贵族对海外华侨群体的偏见。[①]

**案例拓展**

## 红溪惨案

16 世纪下半叶，为了追逐香料贸易的暴利，荷兰殖民者把手伸到爪哇岛，从而开始对印尼长达 300 多年的统治。雅加达过去叫巴达维亚，简称巴城，荷兰人占领之初，是个人口只有一两千人的渔港小镇。为了把这个小镇建成印尼的政治中心和最大的商港，荷兰人采取了许多措施。其中之一，便是招徕中国商船前来贸易并输入更多的华工。至 18 世纪初，巴城已发展成为有 10 多万人的城市，华侨人数增至近两万人，他们主要从事工匠、饮食、制糖、酿酒零售等行业，为巴城的崛起贡献良多。

荷兰殖民当局对待华侨的政策具有两面性，既招徕、利用，又不断加以限制、打击甚至屠杀。当他们看到华侨人数不断增加并在商战中已构成对自己的威胁时，便横加限制与排斥。到了 18 世纪 30 年代末，荷兰殖民当局还以“服乌衫裤的唐人，日间为好人，夜间即为贼”为借口，四处追捕华侨，并把他们流放到锡兰等地。流放途中，很多华侨被杀或受虐待而死。“与其坐以待毙，不如作难而反”，华侨为了“死中求生”，于 1740 年 9 月底，在市郊聚集数千人，公推黄班为首领，组织抗荷队伍，以图自救。

① 《晚清时期的中国侨务》，中国评论学术出版社官网，http：//www. crntt. com/crn - webapp/cbspub/secDetail. jsp？ bookid =4859&secid =4883。（上网时间：2019 年 9 月 4 日）

由于叛徒的出卖，荷兰殖民当局很快得到消息，并采取一系列防范和镇压的措施。他们调集兵力，凭借枪炮武器的优势，从1740年10月9日开始，有计划、有组织地对华侨发动一场大规模的屠杀。华侨抗荷队伍由于武器简陋，加之力量悬殊，经过一番奋战，死伤惨重，剩余的人员在黄班的率领下转移到爪哇岛东部地区。至10月12日，荷兰殖民军队在巴达维亚的城内城外屠杀华侨近万人，即使是关在监狱和卧病在医院的人也不能幸免。华侨居住区附近的红溪河，河水被染成红色，有的地段甚至因遇难者尸体的堆积而堵塞。被焚毁和劫掠的华侨房屋有六七百家，财产损失无法估计。[①]

（4）清政府抛弃消极放任政策，对华侨实行保护和监督政策

华侨问题在晚清时期逐渐突出，成为当时一个重要的国际关系问题。1860年，第二次鸦片战争失败后，清政府被迫同英法等国签订了《北京条约》。中英、中法《北京条约》主要内容中的第四点规定："准许中国人与英国人立约，赴英法属地或'外洋别地'做工"。该条约的签订，促使清政府第一次明令废除海禁。自此，清朝后半叶，华工出国人数比历代出国人数的总和还要多出好几倍，从而奠定了今天华侨遍布世界的格局。

1860年，清政府第一次从国际的、法理的观念及立场来关注华侨，同时加强对华侨的保护和监督。鉴于此，1860年后，清政府在同一些外国缔结条约时，常常以"保护华侨的生命财产"，或向对方国家"要求居住、营业、旅行等权利"为原则。同时，为了使此项政策具体化，清政府着手在对方国家设立公使馆。1868年，清政府在同美国签订的

① 《红溪惨案》，中国侨网，2006年10月31日，http：//www. chinaqw. com/zgqj/qsgc/200610/31/49910. shtml。（上网时间：2019年9月3日）

条约中规定：在确认居住在美国的华侨为大清国国民之后，开设领事馆加以保护。此后，清政府在新加坡、英国、德国、法国、俄国等都开设了领事馆或公使馆，专门负责保护监督移居该地的中国人。1909 年，清政府根据血统主义原则制定了国籍法，第一次从法律上明确了华侨的身份，也确立了对华侨实行保护政策的法律依据。

清代侨务政策始于中国社会矛盾异常尖锐的 17 世纪中叶，它是清统治者实施海禁政策的派生物。清政府之所以制定苛刻的侨务政策，是因为统治者认为：海外华侨大多对清政府的统治感到不满，怀有仇视心理，一旦放宽侨务政策，不但会加强海外人士与国内人士的联系与往来，而且会给清政府的统治带来更多不稳定因素。因此，清政府在制定侨务政策时极力避免不利因素的产生：一是禁止清统治下的国民出国；二是对在海外的中国人加以防范，不允许他们回国或者是采取限期的方式令他们回国。对于在海外发生的有损于华侨利益的问题，清政府采取置若罔闻的态度。即使是在晚清，政府采取了一些保护华侨的措施，但这是基于形势所迫，不得已而为之。两个半世纪以来，清朝统治者根据时局的变化，不时对这项政策做适当调整。但是“镇压人民反抗，维护封建秩序”这一既定的政策贯穿始终，也充分反映了清政府的阶级本质。①

### （二）民国时期侨务工作

1. 孙中山时期的侨务工作

（1）加强与海外侨胞联谊的思想

孙中山经欧洲回国，被十七省代表推举在南京组织民国临时政府，1912 年元旦宣誓就任临时大总统，各地华侨欢呼新国诞生。然而，孙

---

① 《晚清时期的中国侨务》，中国评论学术出版社官网，http：//www. crntt. com/crn - webapp/cbspub/secDetail. jsp？ bookid =4859&secid =4883。（上网时间：2019 年 9 月 4 日）

中山任职三个月，政权落入袁世凯手中，辛亥革命失败了。其后军阀混战不已，国家陷于四分五裂，人民仍生活在水火之中。不得已，孙中山又举起护法旗帜，为捍卫中国统一而争，也得到爱国华侨的支持。不同的是，从前他流亡海外生活在华侨之中，此时已为国家总统或以革命党领袖之身份居于国内，华侨仍多远在国外，两者相隔万里，却在为一个共同目标而努力。形势大变，对孙中山的华侨工作也提出新要求，其特点是：国内同志如何联系海外侨胞，继续革命，让他们对中国的统一和建设，为祖国早日富强贡献力量。①

（2）依靠海外侨胞支持中国革命与建设的思想

1894 年，孙中山在美国檀香山成立兴中会，1905 年在日本东京成立同盟会，这些革命团体无一不是依靠海外侨胞出资出力，因此孙中山曾言，"披坚执锐血战千里者，内地同志之责也；合力筹款以济革命者，海外同志之任也"。"同盟会之成，多赖华侨之力，军饷胥出焉"。广大爱国华侨对中国革命的持续关注并捐献的大量物资援助，是辛亥革命取得成功的重要保障。在革命胜利后，孙中山鼓励华侨继续支持中国的革命与建设。

孙中山通过华侨团体联络侨胞大众，因势利导，旗帜鲜明地进行反对改良派斗争，争取到侨胞的了解和信任。而依靠当地华侨组织，讲演、办报，大势宣传革命，也就成为孙中山开展华侨工作的基本方法。②

（3）保护海外侨胞的思想

孙中山深知革命和建设离不开华侨的贡献，为保护海外侨胞，出台了《保护回国华侨事项》《提倡奖励华侨回国兴办实业事项》等章程，并在泗水事件中积极保护华侨权益。

① 李树权：《略论孙中山的侨务主张和侨务工作》，《华侨大学学报》1988 年第 1 期，第 13 页。

② 李树权：《略论孙中山的侨务主张和侨务工作》，《华侨大学学报》1988 年第 1 期，第 10—11 页。

**案例拓展**

## “泗水”护侨

“泗水”护侨案例表明孙中山先生高度重视海外侨胞权益，维护海外侨民的利益。1912年，荷属爪哇岛上的华侨集会庆祝中华民国成立，遭到荷兰警察的干预和殴打，酿成多名华侨被打死打伤、一百多名华侨被拘禁的惨剧。愤怒的华侨采取闭门罢市的行动表示抗议，荷兰殖民当局出动大批军警强迫开市，又逮捕千余人。孙中山先生高度重视海外侨胞权益，要求时任外交总长王宠惠在收到巴达维亚侨民的电报得知此事后，立即回电给巴达维亚华侨。与此同时，王宠惠又先后给在京的袁世凯发去八封电报，要求其就近向荷使交涉，以存国体，而慰侨望。当时南北尚未统一，驻中国的外国公使大都集中在北方，比较认可的也是北京政府。当时王宠惠虽是民国外交总长，但是当时民国在国际上不被大多数西方国家认可，在处理泗水事件时遭遇很大的困境。此外，王宠惠还直接致电当时驻海牙公使刘镜人，希望严正交涉，同时下令原前清任命的中国驻爪哇总领事苏锐钊续任旧职，并命他立即前往泗水地区，一面调查，一面相机交涉。最终经过长时间的努力，在中国南北政府的严正交涉和内外舆论的压力下，荷兰政府同意惩办杀害华侨的凶手，赔偿华侨损失，当地一个县长畏罪自杀，广大华侨感受到国家的力量。

2. 北洋政府时期的侨务工作

一战期间，沙俄招募了数以十万计的华工。革命爆发后，俄国政局动荡，战事频仍，社会生产受到严重破坏，大量华工失业，不得不四处流浪。在留学生刘泽荣发起的“中华旅俄联合会”的奔走呼号下，大约4万名华工幸运地被送回祖国。1918年5月，捷克军团发动叛乱，切断了西伯利亚大铁路，使这种本就十分艰难的输送工作被迫停止，大批华工滞留在鄂木斯克和伊尔库茨克等地，境遇相当悲惨。在此期间，北洋政府曾就华工问题与高尔察克政府进行交涉，希望其能够组织运送滞留华工返回中国。然而，鄂木斯克当局根本没有掌控当地局势的能力和解决问题的诚意，更不会有针对华工的具体救济措施。当时，高尔察克政府关心的是如何搜刮掠夺人民、如何增加财政收入，维持其反革命活动所需的庞大军事开支。

不仅如此，俄属远东地区的华侨还要承受反动势力施加的各种额外负担，如不断借助换领“居留票”的机会，大肆敲诈广大华侨。“居留票”是外国人在俄国远东地区长期居留的一种许可证，俄国方面对“居留票”查验十分严厉，无票和票证过期的华侨经常会遭到罚款、驱逐甚至拘捕。1918年，符拉迪沃斯托克当局突然对华侨停止发放“居留票”，到期即不再续票。很多华侨因此成为非法居留者，随时都有被驱逐、拘捕的危险。为了继续在俄境内生存，广大华侨不得不任由当局敲诈勒索。同时，俄方当局明令禁止华侨携带500卢布以上的现金出境，一旦查获，即行没收。远东地区各方势力经常依据这项禁令，沿途设卡，搜查、洗劫华侨。①

**案例拓展**

### 1918海容舰海参崴护侨

十月革命的消息传到远东之后，海参崴等地的局势也开始动荡不

① 朱鹏：《北洋政府救助俄属远东地区难侨研究（1918—1920年）》，暨南大学2010年博士学位论文。

安，暴动的消息一日数惊。一百多万滞留在俄境内的华侨，面对混乱而血腥的内战，其生命和财产都遭到空前威胁。当地华侨纷纷涌向中国驻海参崴总领馆，来馆呼吁，请求保护。在俄国方面已经完全失去对局势控制的情况下，华侨团体，如海参崴中华总商会、黑河江北旅俄华侨会、伯力中华总商会、阿穆尔省华侨总会等，都紧急呼吁祖国派兵前来护侨。海参崴中华总商会在给中国总领事馆的急函中，请求即派军舰来崴保护，并遣陆战精兵，发往离崴接近之吉林省所属之图们江，及东宁县、虎林县、绥芬河四处预先驻扎，一旦有事，调遣较易。[①]

此时中国得到国际承认的中央政府——北洋政府却焦头烂额，一边要面对错综复杂的国际形势，一边要应对山头林立的国内各派势力，正在扯旗放炮武装暴动的革命党牵制了政府的大量兵力。但即便是在这种情况下，北洋政府也下令出兵西伯利亚武装护侨——甚至不顾日本的威胁警告。这是中国数千年历史中，执政者第一次在海外动用军事力量，以保护侨胞的利益和安全。1918 年，全世界都对中国刮目相看。

---

3. 抗战时期国民政府的侨务工作

抗战时期，许多华侨自愿参与战争，并发挥了重要作用，例如在滇缅公路运输物资的南侨机工。针对抗战时期的海外侨务工作，民国政府主要采取了以下措施：

（1）侨务委员会：分为处或局、出版社以及通讯社，发行通讯稿，分寄国内外各地报道有关侨务新闻与祖国消息。另外，侨委会还先后成立了侨校教科书编辑委员会及编辑室、回国升学华侨学生接待所、侨民

---

① 《撤侨 1918：北洋政府派兵进入海参崴护侨大撤退》，新华网，2016 年 12 月 2 日，http：//mil. news. sina. com. cn/history/2016－12－02/doc－ifxyiayr8866674。（上网时间：2016 年 12 月 2 日）

教育函授学校、华侨教育总会筹备委员会、侨民教育设计委员会等侨务机构。[1]

（2）建立救侨护侨机构。太平洋战争爆发后，海外难侨潮水般涌向国内。在短时间内，仅柳州一地就有三四万人。广东省在海外的侨民有600多万人，是重点侨乡省份。1942年1月1日，在省政府主席李汉魂的领导下，成立了“广东省紧急救侨委员会”。广东、福建、广西等地救侨护侨运动开展顺利，云南、贵州和陪都重庆也都建立了紧急救侨护侨的组织机构。[2]

（3）进行紧急救侨工作。南洋沦陷后，国民政府先后拨出的救侨专款共1亿元。此外，重点侨乡省份掀起献金救济归侨同胞的运动，救侨工作全面展开。广东省救侨会在1942年上半年救济归侨就达66万人，支出救济金406.9万多元，对不同人员发放不同补助费和救济金支持。对有家可归者，每人每日发给生活补助费2元送回原籍；对无家可归者，由各招待所予以收容或安置。此外，还完成登记调查和救济侨眷工作。

（4）组织归侨生产自救。在紧急救侨的同时，重点侨乡还组织归侨从事生产自救。广东省救侨会根据安置归侨工作的需要，本着以工代赈原则，在1942年4月初就开始筹设小型工厂，计有制纸、文具、竹木、纺纱、织染、砖瓦、火柴、牙刷、制糖及酿造等20余厂，分别安置侨工2000余人。太平洋战争爆发前后，海外华侨或归侨的投资建设，官方、归侨的合资开发以及华侨在国内建立的侨资银行等，对安置归国难侨和侨眷，解决资金紧缺和周转困难等，都起到很大作用。

---

① 曾瑞炎：《抗战时期民国政府的侨务工作》，《抗日战争研究》1994年第3期，第56—60页。

② 曾瑞炎：《抗战时期民国政府的侨务工作》，《抗日战争研究》1994年第3期，第45—52页。

## 三、情景体验

【背景】陈嘉庚至南洋发展始自1890年，时年17岁的他在父亲店里学习经商，19岁接理店中米业和财项。1904年，在父亲生意失败之后，其走上独立营商之路，开办谦益号米店，兼营黄梨罐头、胶园等业。至1911年的7年间为陈嘉庚事业的创业期。1907年，多年赢利方能使他有余力了却代父还债心愿，1909年胶价行情上涨，他将福山胶园出售，获利17万余元，资金压力才有明显缓解。在捐助社会公益和慈善方面，他敢于做出非同寻常的大胆捐助，逐渐累积了威望资本。①

【任务】查阅资料：陈嘉庚与新加坡闽侨辛亥保安捐款。

【模拟】模拟情景：陈嘉庚与南侨机工。

## 四、本节小结

- 总结晚清侨务工作的案例和特点。
- 总结孙中山时期侨务工作的内容。
- 总结抗战时期民国政府侨务工作的内容。

## 五、推荐材料

### （一）文献

李皓：《保护“弃民”：日俄战争时期清政府海参崴护侨活动研究》，《华人华侨历史研究》2014年第2期。

瞿巍：《论中美洛案赔偿交涉考》，《华人华侨历史研究》2009年第

① 李勇：《陈嘉庚与新加坡闽侨辛亥保安捐款》，《厦门大学学报》2019年第1期，第119—129页。

3 期。

祖金玉：《早期驻外使节与晚清侨务政策》，《天津社会科学》2002 年第 5 期。

《大清国籍条例》，1909 年。

**（二）影像**

《南侨机工》，2014 年。

《南侨机工英雄传》，2015 年。

**（三）网站**

国务院侨务办公室官网，http：//www. gqb. gov. cn/news/2015/1125/37146. shtml。

## 第二节　中华人民共和国的侨务工作

### 一、案例导入

---

#### 寻根之旅——花开不败

中国改革开放以来，国务院侨务办公室每年都会同地方侨办通过中国驻外使领馆、海外侨团、华教组织邀请一定数量的华裔来参加寻根活动。寻根活动是为帮助广大海外华裔了解中国国情和中华文化，促进海内外华裔交流而举办的大型综合性活动。主要内容有：学习中国民族舞蹈和中华武术、学习汉语和中华文化常识、参观历史文化名胜等。

华裔寻根活动进行得如火如荼，因内容丰富多彩，吸引世界各地的华侨华人踊跃参与。每年寒暑假，国侨办都会组织华裔青少年来中国参加寻根活动，一期期夏（冬）令营一个接一个地开展起来。

除了海外华裔青少年冬令营这种形式的寻根活动外，更具特色的“海外华裔青少年中华文化大赛”也成为一种吸引海外华侨华人寻根的活动形式。“海外华裔青少年中华文化知识竞赛”由国侨办于2008年起在全世界范围内发起，2012年全面升级更名为“海外华裔青少年中华文化大赛”，每年举办一届。①

◆ 问题思考

• 除了上述寻根活动外，中国在海外华侨华人方面还开展了哪些工作？

• 新时代中国侨务工作有哪些新特点和新举措？

## 二、知识理论

本节将展开介绍侨务工作的重要性和侨务工作的措施。

### （一）侨务工作的重要性

中国共产党和中国政府历来重视侨务工作，这一点无论是在法律还是中国共产党和中国政府的指导思想和政策上，都有鲜明体现。

从法律上来看，《中华人民共和国宪法》第五十条规定：中华人民共和国保护华侨的正当的权利和利益，保护归侨和侨眷的合法

① 《寻根之旅花开不败“侨三代”“侨四代”寻根之旅》，新华网，2017年1月9日，http：//www.xinhuanet.com/world/2017－01/09/c_129437098.htm。（上网时间：2019年3月2日）

权利和利益。[①] 而且，根据宪法的这一原则，国家制定了专门的《中华人民共和国归侨侨眷权益保护法》。

从中国共产党和政府的指导思想和政策上来看，党和国家领导人都对侨务工作给予了极大重视。从中华人民共和国成立到现在，可大致划分为五个阶段：

1. 第一代领导集体关于华侨问题的论述

中华人民共和国成立后，中国的侨务工作揭开了新的篇章。以毛泽东主席为核心的中共中央第一代领导集体对侨务工作高度重视。在毛主席的亲切关怀和周恩来总理的直接领导下，中国政府就华侨问题制定了一系列正确的政策，其内容涉及华侨国籍、保护华侨正当权益和华侨遵守居住国法律、团结教育华侨、华侨办学办报、华侨华人回国、华侨与当地人民友好相处和学习当地语言等方面，确立了不承认双重国籍、取消侨党、争取华侨在当地长期生存等一系列侨务方针政策。

2. 第二代领导集体关于华侨华人的“机遇论”

改革开放初期，从打破封闭状态、在改革开放中实现社会主义现代化这一新思想出发，邓小平同志指出，“海外关系是个好东西，可以打开各方面的关系。”“对于中国来说，大发展的机遇并不多。中国与世界各国不同，有着自己独特的机遇。比如，我们有几千万爱国同胞在海外，他们对祖国做出很多贡献。”“我们还有几千万爱国同胞在海外，他们希望中国兴旺发达，这在世界上是独一无二的。”邓小平把发挥华侨华人作用，作为中国一个独特机遇，并且把它同中国大发展的机遇紧密联系起来。

---

① 《中华人民共和国宪法》，全国人民代表大会官网，http：//www.npc.gov.cn/npc/xinwen/node_505.htm。（上网时间：2019年3月2日）

3. 第三代领导集体提出“优势论”“宝贵资源论”

江泽民同志强调，“海外侨胞作为促进我国改革开放和现代化建设、促进祖国统一的积极力量，有着独特优势，在振兴中华的伟大事业中发挥着重要作用”；“分布于世界各地的广大华侨华人，是中华民族一个重要的人才资源宝库，其中科技人才就有几十万，既有享誉世界的科学家，也有成绩显著的中青年科技人才，他们在当今一些重要的高科技领域取得了卓越的成就，我们一定要十分珍惜。”

4. 以胡锦涛同志为总书记的党中央领导集体有关侨务工作的论述

胡锦涛同志强调，“在中国革命、建设、改革的各个历史时期，广大海外侨胞和归侨侨眷为中华民族的独立和解放、为国家的繁荣和发展做出重要贡献，在中华民族史册上写下了光辉的篇章。历史已经证明并将继续证明，广大海外侨胞和归侨侨眷是推进我国现代化建设、实现祖国完全统一和中华民族伟大复兴的重要力量。”他还指出：“在凝聚侨心、发挥侨力，为实现全面建设小康社会的宏伟目标做贡献方面，侨务工作大有作为；在反对和遏制‘台独’分裂势力，推动祖国和平统一进程方面，侨务工作大有作为；在开展民间外交、传播中华优秀文化、扩大中国人民与世界各国人民友好交往方面，侨务工作大有作为。”

5. 以习近平同志为核心的党中央领导集体有关侨务工作的论述

习近平同志指出：“长期以来，广大华侨华人秉承中华民族优秀传统，艰苦创业，拼搏进取，积极融入住在国社会，同当地人民和睦相处，在事业上取得长足发展，为各国经济发展和社会进步做出积极贡献。中国改革开放事业取得伟大成就，广大华侨华人功不可没。”他指出：“实现中国梦，是海内外中华儿女的共同愿景，也将为世界各国人民带来更多利益和机遇。全面建成小康社会，实现中华民族伟大复兴，为广大华商施展抱负提供了广阔舞台。希望广大华商把握机遇、发挥优势，积极关心和参与中国改革开放和现代化建设，在互惠合作中实现自身事业更大发展，为共圆中华民族伟大复兴的中国梦，推动中国人民同世界各国人民的交流合作，作出新的更大的贡献。”

习近平同志还曾形象地指出：“团结统一的中华民族是海内外中华儿女共同的根；博大精深的中华文化是海内外中华儿女共同的魂；实现中华民族伟大复兴是海内外中华儿女共同的梦”。

---

◆ 问题思考

- 新时代侨务工作的重点和难点有哪些？

### （二）侨务工作的措施

新时代，开展侨务工作的相关部门和机构有中共中央统战部、全国人大华侨委员会、全国政协港澳台侨委员会、外交部、中华全国归国华侨联合会和中国致公党等。

为切实支持海外华侨华人事业发展，弘扬侨社“团结、互助、服务、奉献”精神，全面深入推进和谐侨社建设，2014 年国侨办启动实施“海外惠侨工程”，通过推进侨团建设、华助中心、华教发展、中餐繁荣、中医关怀、文化交流、事业扶助、信息服务八大计划，努力深化为侨服务工作，进一步凝聚侨心、汇聚侨智、发挥侨力同圆共享“中国梦”。①

具体而言，在侨团建设方面，继续致力于提升侨领整体素质，促进侨团规范建设，推进侨社可持续健康发展，增进各侨团交流互鉴，发挥典型侨团示范引领作用，凝聚讲团结、凝侨心、重服务、树形象的“华

---

① 《“海外惠侨工程”惠及广大侨民》，中华人民共和国国务院侨务办公室官网，http：//qwgzyj. gqb. gov. cn/qwps/180/2527. shtml。（上网时间：2019 年 3 月 2 日）

社之光”理念，弘扬植根基层、服务社区、不计名利、甘于奉献的精神。为了海外侨胞能有更好的长期发展环境，针对近年来海外侨社基本情况，把 2014 年确定为“和谐侨社建设年”，集中推进“和谐侨社”的建设，让海外华侨华人能够有一个更和谐、更宽松的生存发展环境。例如，将集中支持海外侨社、侨团、团体组织等加强内部建设，增强为侨胞服务的功能。

通过扶持引导，“华助中心”本着依靠侨、服务侨、为了侨的原则，积极开展敬老、扶弱、助残、救急等帮扶关爱活动，惠及侨民、扶助友族、回馈社会，推进海外和谐侨社建设。“华助中心”的基本功能包括为侨胞提供关爱、帮扶等服务以及突发事件的处置，为侨胞解决实际困难，此外也可以开展一些文化交流活动等。经过中国驻外使领馆推荐，2014 年国务院侨办在认真遴选、审核后，决定在美国等 18 个国家会同有关社团建设首批“华助中心”。

在华文教育方面，国务院侨办和中国海外交流协会将继续构建华文教育教材、施教、帮扶和支撑体系，推动海外华校向标准化、规范化、正规化方向转型升级发展。加强与各国各级政府教育部门的联系与合作，鼓励有条件的华校同当地国民教育体制接轨。积极引导社会力量支持华文教育，举办各种模式和多媒体中文学校，将华校打造成中华语言文化海外交流基地。

“八项计划”还包括推动海外中餐业协会组织和网络建设，引导成立行业性自律组织，提升中餐业整体形象。加强海内外中餐业交流合作，开展中餐厨师厨艺培训，提升海外中餐业管理与业务水平。配合海外侨社和住在国重大节庆活动，展示中华饮食文化，提高中餐在海外的认知度和美誉度。

在中医关怀方面，继续组派“文化中国·中华医学”团组为海外侨胞义诊，普及健康养生常识。推动海外华人医院与国内医院交流合作，拓宽中医药为海外侨胞服务领域。鼓励海外中医从业者与国内中医界联系互动，切磋和提高医术，并在住在国法律允许的范围内，推广中华传统医药，争取中医药在当地合法化。

国务院侨办和中国海外交流协会将继续发掘造诣深、声望好的海外文艺界人士，组成艺术团和人才网络，加大培训基层文艺骨干和广场文化活动，海内外结合满足侨胞文化需求。增强中国新闻社对海外华文媒体的服务功能，增强海外华文媒体整体资源和传播优势。

加强与海外华商组织和侨胞专业团体的联系及网络建设亦是“八项计划”的内容之一。国务院侨办和中国海外交流协会将同最高学府合作，实施新华商远程培训和学历学位教育，推动出台有利于华商及专业人士创业发展的政策法规，依法维护华商在华投资权益，支持华商和专业人士通过互利合作实现自身事业发展。

在信息服务方面，开通全球华侨华人网上家园—中国侨网全新版，建立起全天候、一站式侨务综合信息服务平台，密切与全球侨胞和侨团的网上交流互动，提供最全面的中国侨务资讯，及时播报全球侨社动态，加强侨务政策法规等宣传，实施在线解疑释惑，回应侨胞现实诉求，充实网上华文教育、视频教材等资源库，向侨胞开放供下载使用。①

在新时代，中共中央统一战线部和各部门为侨服务持续推进，进一步凝聚侨心、汇聚侨智、发挥侨力、维护侨益，推进侨务工作深入发展。

---

① 《“海外惠侨工程”惠及广大侨民》，中华人民共和国国务院侨务办公室官网，http：//qwgzyj. gqb. gov. cn/qwps/180/2527. shtml。（上网时间：2019 年 3 月 2 日）

**拓展故事**

2019年1月，由中国新闻社主办的“2018‘侨鑫杯’全球华侨华人年度评选”在北京举行。“2018全球华侨华人十大新闻”“2018全球华侨华人年度人物”以及“‘侨’这四十年”征文评选结果在现场揭晓。

十大新闻聚焦侨界年度大事。颁奖典礼首先发布了“2018全球华侨华人十大新闻”。入选的十大新闻依次是：习近平考察华侨最高学府暨南大学，发表重要讲话；海外侨胞及归侨侨眷代表参加改革开放庆祝大会；第十次全国归侨侨眷代表大会举行；公安部推八项出入境措施，便利华侨华人签证居留；《对华侨权益保护工作情况报告的意见和建议》公布；一战结束百年，各国纪念华工；多米尼加等三国与中国建交或复交，惠及华侨华人；“南侨机工档案”列入《世界记忆亚太地区名录》；加拿大温哥华就歧视华人历史道歉；巴西设立“中国移民日”。

年度人物彰显杰出华人风采。颁奖典礼上，陈香梅、施一公、叶嘉莹、吕嘉等杰出侨界代表获得“2018全球华侨华人年度人物”称号。“2018全球华侨华人年度人物”入选者来自世界各地。组委会表示，“他们有的孜孜不倦，以自身光亮照亮后人来路；有的坚守初心，为信念默默付出数十载春秋；有的在这一年离去，留下让人传颂的故事；他们让2018年充满温情，令人心生敬意。”“‘侨’这四十年”主题征文获奖结果也在颁奖典礼上揭晓。①

① 《侨情乡讯》，人民网，2019年1月9日，http：//paper. people. com. cn/rmrbhwb/html/2019－01/09/content_1903128. htm。（上网时间：2019年3月2日）

## 三、情景体验

### 新时代的侨务工作

【材料一】1995 年 4 月，在中国传统侨乡福建主政的习近平同志在《战略与管理》杂志上发表了《“大侨务”观念的确立》的文章，提出：“在新时期，侨务工作要有新的观念、新的思路。这个观念和思路就是在‘对投资者有利、对所在国有利、对中国有利’‘三有利’的前提下，充分发挥‘侨’的优势，深层次、宽领域、全方位地开展经济、科技、文化等方面的交流合作，为现代化建设服务，为世界和平和发展做贡献。”

【材料二】2017 年初，习近平总书记对侨务工作做出重要指示，他强调，实现中华民族伟大复兴，需要海内外中华儿女共同努力。把广大海外侨胞和归侨侨眷紧密团结起来，发挥他们在中华民族伟大复兴中的积极作用，是党和国家的一项重要工作。他希望侨务战线的同志们要以凝聚侨心侨力同圆共享中国梦为主题，最大限度把海外侨胞和归侨侨眷蕴藏的巨大能量凝聚起来、发挥出来。习近平总书记提出的侨务工作主题，是新时代侨务工作的中心任务，将贯穿于新时代侨务工作始终。

【材料三】2017 年 1 月 18 日，国家主席习近平在日内瓦万国宫出席“共商共筑人类命运共同体”高级别会议，并发表题为《共同构建人类命运共同体》的主旨演讲，深刻、全面、系统阐述了人类命运共同体理念，主张共同推进构建人类命运共同体伟大进程，建设一个持久和平、普遍安全、共同繁荣、开放包容、清洁美丽的世界。同年 3 月，构建人类命运共同体理念更是首次载入联合国安理会决议。

【材料四】2018 年 3 月 21 日，《深化党和国家机构改革方案》全文对外公布。根据方案，国务院机构改革后将减掉 8 个正部级机构、7 个副部级机构，而这其中与侨务工作联系最为紧密的便是第十五项，“中央统战部统一管理侨务工作。为加强党对海外统战工作的集中统一领导，更加广泛地团结联系海外侨胞和归侨侨眷，更好发挥团体作用，将国务院侨务办公室并入中央统战部。中央统战部对外保留国务院侨务办公室牌子。”①

【任务 1】在中国进入新时代的背景下，侨务工作必然面临不一样的要求。如果你是中国驻外领事官员，你会怎样开展新时代的侨务工作？请思考并写出一份报告。

【任务 2】请查阅海外惠侨工程的相关案例，并进行分享和总结。

## 四、本节小结

- 回顾归纳侨务工作的主要内容。
- 思考总结新时代侨务工作的新机遇、新挑战和新措施。
- 你身边有没有华侨，采访整理他们的故事。

## 五、推荐材料

### （一）文献

《新时代侨务工作知识手册》编写组编：《新时代侨务工作知识手册》，中国华侨出版社 2018 年版。

中国侨务通论课题组：《中国侨务通论试用版》，暨南大学出版社 2012 年版。

---

① 《中共中央印发〈深化党和国家机构改革方案〉》，新华网，2018 年 3 月 21 日，http：//www. xinhuanet. com/zgjx/2018 -03/21/c_137054755_3. htm。（上网时间：2019 年 3 月 20 日）

潮龙起：《侨务公共外交：内涵界定与特点辨析》，《东南亚研究》2013 年第 3 期。

**（二）影像**

《华侨旗帜陈嘉庚》，2011 年。

**（三）网站**

中国侨网，http：//www.chinaqw.com。

国务院侨务办公室官网，http：//www.gqb.gov.cn。

全国人民代表大会官网，http：//www.npc.gov.cn/。

## 第三节　其他国家的侨务工作

### 一、案例导入

**叙利亚撤侨**

2011 年 3 月 15 日，叙利亚示威抗议活动全面爆发，叙国内局势持续恶化，难民数量不断增加。自 2012 年起，俄罗斯联邦外交部、紧急情况部和国防部相互合作，从叙利亚撤回俄罗斯同胞。

2012 年 12 月 19 日，俄罗斯公布了从叙利亚撤回俄罗斯人的计划，其计划分为空中航线和海上路线。首先，空中航线安排了紧急情况部的飞机伊尔—62、伊尔—76 和雅克—42 在大马士革和拉塔基亚的机场等候，俄罗斯国际航空公司和航空运输航空公司也参与其中。其次是海上路线，撤离人员需要乘汽车到达塔尔图斯和拉塔基亚港口，从这两个港口坐船到达塞浦路斯的拉纳卡港口，俄罗斯紧急情况部、俄罗斯国际航空公司和航空运输航空公司的飞机在塞浦路斯等候。为了顺利完成海上撤离计划，地中海地区的波罗的海海军基地将出动巡逻舰“智慧雅罗斯拉夫”、大型登陆舰“加里宁格勒”和“亚历山大沙巴林”、油船“莲娜”、拖船，以及四艘停放在地中海、红海和黑海的渡轮。海上路线和空中航线结合，共同完成此次撤侨工作。此外，还成立一个专门的政府委员会来负责叙利亚的撤离行动，该委员协调各部门的工作。

据统计，截至2013年5月31日，俄联邦政府从叙利亚共计撤回约2000人，其中，约1000人是没有俄罗斯国籍的境外同胞。

◆ 问题思考

- 此次撤侨体现出俄罗斯护侨的哪些特点？
- 俄罗斯和印度的侨务工作包括哪些方面？

## 二、知识理论

本节以印度和俄罗斯为典型代表，分别对国情、制度、机构的框架进行详细介绍，展现国别侨务工作的特点和内容研究。

### （一）印度的侨务工作

1. 国情

在全球化的进程中，世界各国的人口流动越来越大。长期以来，印度由于自身人口数量大且有严重的贫富差距，大量民众向外移民寻求发展机会。2015年，印度国民出境人数为2038万，而2014年为1833万，增长11.1%。[1] 2016年12月的报告显示，出境的印度裔1784万人，非居民印度人约1300万人，海外印度人3084万人。[2] 向外移民不仅为其他国家带去劳动生产力，而且带去一系列移民问题，包括安全问题、经济发展的需求和人口就业竞争的现实问题、低龄出境人员等问题。面对大量印度人在国外居住、生活、就业和受教育，国家政府作为人民的保护伞，对印度侨民进行保护的需求在日益增加。

**知识拓展**

海外印度人包括拥有外国国籍的印度血统的人（称为印度裔外国人）、拥有印度国籍但侨居国外的印度人（称为非居住印度人）、海外原印度籍人士（称为海外印度公民）。截至2016年4月，全球约有2700万海外印度人分布在146个国家。此外，大约1140万是印度护照持有者，这些印度国民中的绝大多数是临时移民，包括妇女工人，其中90%在海湾地区工作。[3]

2. 制度

印度政府为有效保护海外印度人权益，于2004年5月成立印度侨民事务部，同年9月更名为海外印度人事务部。该部的职权随着更名而扩大，并明确其服务对象为包括印侨和印裔在内的所有海外印度人。海外印度人事务部被定位为服务部门，因而它汇集了海外印度人、侨民协会、贸易和工业、立法者、智囊团、政策制定者和社会治理与国家政府

① "Annual Report 2016 - 2017," Ministry of Tourism, Government of India, p. 87.

② "Population of Overseas Indians," Ministry of External Affairs, Government of India, December 2016, p. 5.

③ "Annual Report 2016 - 2017," Ministry of External Affairs, p. 226.

关键利益相关者，是为所有海外印度人提供信息、促进便利与建立合作关系的部门。这体现了印度侨务机构的整合和完善。[①] 针对海外印度人的政策目标，归纳起来大致有以下几条：

（1）鼓励印侨加入侨居国主流，但他们有权要求在经济和社会地位上受到公平对待。

（2）已经取得侨居国国籍的印度人应该成为侨居国的全权公民，并承担一切义务。

（3）保留印度国籍而侨居国外的印度人应遵守当地法律，不做有损国格的事情。

（4）印度政府将通过各种正当的努力帮助无国籍的印度人解决他们所面临的问题。

（5）印度政府将对回国定居、探亲访友、旅游、承办商务、讲学的海外印度人提供一切可能的方便。

（6）印度政府将致力于建立一个印侨基金会，对印侨问题进行深入研究，以便及时向政府有关部门提供海外印度人的情况。其资金由政府和非政府团体提供。

（7）印度政府将考虑采取适当措施与大规模印度人移民的国家进行交涉，以便使印侨不被剥削或虐待。

（8）政府将考虑向有大量印度人的国家的印度大使馆派出文化参赞，他有别于新闻和教育参赞，加强与当地印度人的文化联系。

（9）政府将考虑在东南亚、海湾、东非和加勒比海等地区有大量印度侨民的国家建立文化中心，为印侨提供印度舞蹈、音乐、电影等精神产品。同时，全印广播电台将有效地对全世界的印侨进行广播。

---

① Ministry of Overseas Indian Affairs，http：/mea. gov. in/overseas - indian - affairs. htm。（上网时间：2022 年 6 月 29 日）

（10）邀请著名印侨回国观光、讲学。

（11）创造良好的投资环境，欢迎印侨回国投资，兴办企业。

（12）开办一所印侨大学，接收海外印度人及国内印侨亲属入学。

**知识拓展**

### 海外印度人日

自2003年起，每年1月9日印度会纪念“海外印度人日”，旨在激发海外印度人的故乡情结和民族情怀，吸引更多的海外印度人才为印度建设做出贡献。其主要内容之一是颁发“海外印度人奖”，以表彰在以下领域做出过卓越贡献的海外印度人：促进外国对印度的理解；以具体的方式支持印度的发展目标；在印度、国外印度社区和其所在国家的居民之间建立更好的联系；促进国外印度社区的福利；参与国外慈善工作；在某个领域（包括某专业领域或非专业的技能领域）做出过突出贡献而使得海外印度人在其居住国家的知名度有所提高。①

3. 机构

海外印度人事务部由一名内阁部长领导，下设四个司，分别为海外印度人服务司、移民服务司、经济服务司、行政管理司。这样，印度在中央成立统一、权威的海外印度人事务部，全权负责与处理有关保障海外印度人权益的工作。海外印度人事务部作为中央管理海外侨民事务的最高机构，统筹规划所有侨务工作，再通过其他具体的、专门的机构或

① 冯凌：《印度重视吸引留学人员为己服务》，《中国人才》2014年第5期。

组织来实施具体的侨务政策，相互配合，协调处理海外印度人事务。①

案例拓展

创造世界纪录的印度撤侨行动

1990年海湾战争爆发时，印度航空创造了民航撤侨的吉尼斯世界纪录，印度航空出动488次航班，将11万印度侨民从约旦首都安曼撤离到印度的孟买，距离达4117公里，历时59天。

### （二）俄罗斯的侨务工作

1. 国情

俄罗斯联邦是世界上较大的移民国家，它不仅是迁出国，也是迁入国。俄罗斯侨民存在数量多、分布广的特征。俄侨是世界四大侨民之一，截至2016年8月，全世界俄罗斯侨民有3011万余人，分布在世界100多个国家里，遍布全世界几个大洲。俄罗斯侨务资源是在历史和现实因素综合作用下形成的。历史因素决定了俄罗斯侨民在全球分布的基本格局，现实因素则促使俄罗斯重视发展侨务资源并影响其侨务政策。

**表7-1　截至2016年8月俄罗斯侨民在全球的数量及分布**

单位：万人

| 亚洲 | 美洲 | 欧洲 | 大洋洲 | 非洲 | 其他 | 总计 |
|---|---|---|---|---|---|---|
| 874 | 402 | 1490 | 8.45 | N/A | 236.8 | 3011.25 |

资料来源：俄罗斯外交部官网，http://cn.mid.ru/。

① Ministry of Overseas Indian Affairs，http:/mea.gov.in/overseas-indian-affairs.htm。（上网时间：2022年6月29日）

2. 制度

除宪法等一般性法律涉侨外，俄罗斯针对侨民制定了专门的法律《俄罗斯联邦境外同胞国家政策法》。俄罗斯《国籍法》对侨民的重视程度较高且相对完善。国籍管理方面，俄罗斯选择了血统主义和出生地混合原则，并实施了鼓励境外俄语居民返回祖居国的计划。根据《俄罗斯宪法》第六十二条：俄罗斯公民允许双重国籍，前提是和俄罗斯签了国际条约的国家；获得双重国籍的俄罗斯公民要履行俄罗斯公民的义务和责任。《俄罗斯国籍法》第六条规定俄罗斯允许双重国籍，但是有条件：俄罗斯公民获取外国国籍但没有放弃俄罗斯国籍的情况下，俄罗斯联邦仍将其视为俄罗斯公民，该公民仍将承担俄罗斯公民的义务与责任；其他国家的公民如果获得俄罗斯国籍，俄罗斯不强迫其放弃原有国籍。国家官员、执法人员、法院工作者不允许双重国籍。俄罗斯“双重国籍”只授予与之签了特殊国际协议的外国公民（塔吉克斯坦），与白俄罗斯、哈萨克斯坦、吉尔吉斯斯坦也有简化申请俄罗斯国籍的条约。

在签证制度上，俄罗斯对归侨较为宽松，对外国人相对严格。此外，俄罗斯还十分重视涉侨事务的规划。目前俄罗斯正在实施的政策规划包括：《2025 年前俄罗斯联邦国家移民政策构想》《俄罗斯联邦国家民族政策构想》《2025 年前俄罗斯联邦人口政策的战略构想》《境外侨胞自愿移居俄罗斯的国家计划》等。每隔三年，俄罗斯联邦政府就会在莫斯科举行世界俄侨大会。

**案例拓展**

## 阿尔乔姆事件

2010年4月，俄罗斯一名7岁孤儿阿尔乔姆被一个美国家庭收养，本以为可展开新生活，岂料短短数月，新妈妈汉森便将他弃如敝屣，还让他独自飞返莫斯科。这宗闻者心酸的事件在俄罗斯引起公愤，俄罗斯当局立即宣布，在签署新的明确规定双方权利和义务的双边条约之前，完全暂停美国人收养俄罗斯儿童的进程。

2000年出台的《俄罗斯联邦外交政策构想》中提出，保护俄罗斯公民和海外同胞的所有权利和利益，而2008年版和2013年版的《俄罗斯联邦外交政策构想》中改为“合法利益”。在组织层面，为加强侨务工作的顶层设计、统一规划、协调管理，在外交部下设立了独联体事务、海外同胞和国际人文合作署；在财政支持层面，建立“俄罗斯世界”基金会，用于推广俄语及俄罗斯文化。在紧急情况下，俄罗斯外交部、紧急状态部和国防部相互配合，完成任务。

3. 机构

俄罗斯涉侨工具较多，发展较快。在俄罗斯侨务事务中，社会组织、媒体、宗教机构等是较为常用的涉侨工具。作为涉侨的社会组织，“俄罗斯世界”基金会成立于2007年，在全球建立俄语中心，与俄侨在文化、教育和信息方面加强联系，是该机构的重要功能。截至2016年8月，该组织已设立84个分支机构，国外有79个，分布在亚洲、欧洲、北美、中南美洲等地，其中乌克兰是全世界设立俄语中心最多的国家，有9个。媒体是俄罗斯常用的涉侨工具，“今日俄罗斯”的影响力最大。

**知识拓展**

“今日俄罗斯”国际新闻通讯社是2013年12月在原俄罗斯新闻社和“俄罗斯之声”广播电台基础上整合的全新媒体集团，包括一家全数字化的俄罗斯电视频道。“今日俄罗斯”利用多媒体平台，设立了卫星新闻通讯社与广播电台，在2015年通过30多种语言，一周7天，每天24小时向34个国家、130个城市发送数字广播。俄罗斯东正教利用“神圣”的概念来振兴“俄侨精神的统一”与提高俄侨和祖居国间的文化联系。为此，2010年俄罗斯修订了涉侨法律，规定向境外俄侨宗教组织提供国家资助条款，而且从法律上赋予俄罗斯东正教传播俄罗斯语言和文化的职能。据统计，东正教遍布欧亚13个国家，并在促进俄罗斯人民团结等方面发挥了十分重要的作用。

## 三、情景体验

### 侨务工作国别研究

【背景】侨务工作的国别研究主要是以国别为基础，以问题为导向，通过分析比较各国的国情、侨务制度、法律机构以及典型案例，总结该国侨务的特点和内容、提炼经验，为中国的侨务工作提供参考，使其不断完善。

【任务】请选择一个国家进行侨务工作的国别研究。

## 四、本节小结

- 总结印度侨务工作的内容。

- 总结俄罗斯侨务工作的内容。
- 分析俄罗斯和印度的侨务工作的特点和经验。

## 五、推荐材料

### （一）文献

乔素玲：《俄罗斯海外同胞权益保护制度探析》，《华人华侨历史研究》2018 年第 4 期。

张秀明：《海外印度移民及印度政府的侨务政策》，《华人华侨历史研究》2005 年第 1 期。

### （二）影响

《逃离德黑兰》，2012 年。

《撤离科威特》，2016 年。

### （三）网站

俄罗斯外交部官网，http：//cn. mid. ru/。

印度外交部官网，http：//www. mea. gov. in. /。

# 第八章　移民问题

## 第一节　移民

### 一、案例导入

**海外房产投资热“退烧”**

2014 年在韩国济州岛买房投资的章女士，是一位在北京生活的东北人，有了一定积蓄的她选择在韩国济州岛买了一套别墅产品。“购买 50 万美金以上的度假公寓将获得韩国永久居住权。”章女士告诉北京青年报记者，一方面济州岛距离北京和她的东北老家都很近，另一方面济州岛一直是韩剧里天堂一样的地方，并且在获得永久居住权后还可以享受医疗、升学等福利，因此她下决心投资了济州岛的房产。但在 2016 年，济州岛方面发布新的政策，取消了投资移民的购房优惠政策，并且对投资移民房产征收高税。

在韩国法律上，公寓和别墅适用的法律和税率是不一样的。据章女士反映，他们的房子在土地登记上是公寓，在过去的两年里是按普通税征收。但是，现在政府从使用角度界定为别墅并征收重税。其中一项是比之前高出 8% 的所得税，另一项是每年持续增加的财产税，这直接影响了购房人的持有成本。①

◆ 问题思考

- 除了投资移民，国际移民还包括哪些类型呢？
- 国际移民出现的原因包括哪些呢？

## 二、知识理论

本节将从以下四个方面来介绍国际移民：国际移民的定义、国际移民的类型、国际移民的原因和国际移民的影响。

### （一）国际移民的定义

国际移民组织（International Organization for Migration，IOM）对国际移民的定义为：离开本人之祖籍国或此前的常住国、跨越国家边界、为了定居性目的而永久性地或在一定时期内生活于另一国家的人。

联合国对移民的定义实际上采用了联合国在 1998 年正式公布的《国际移民数据统计建议》（以下简称《1998 建议》）中对移民的定义。《1998 建议》将移民分为长期移民和短期移民，认为一个人需迁移到其祖籍国以外的另一个国家至少一年（12 个月）以上，迁移的目的国才成为其事实上的新的常住国，其才被称为移民（长期移民）；短期移民系迁移到其祖籍国以外的另一个国家至少 3 个月以上、一年（12 个月）以下的移民。但如果出国的目的是休闲度假、探访亲朋、经商公务、治

① 《海外房产投资热退烧至 3 年前》，人民网，2018 年 5 月 31 日，http：//house.people.com.cn/n1/2018/0531/c164220－30024770.html。（上网时间：2019 年 9 月 4 日）

病疗养或宗教朝拜，则不包括在内。①

综上所述，若想成为国际移民，必须满足三个条件：跨越主权国国界；在移入国连续居住一定的时间；以移民为目的。

**词汇比较**

【Emigrate 和 Immigrate】

Emigrate v. 移居国外　　Immigrate v. 使移居入境

Emigration n. 移民出境　　Immigration n. 外来移民；移居

### （二）国际移民的类型②

划分国际移民的标准繁多，而根据不同的标准又可以划分出不同的种类。本节主要以迁移者的身份为准则，将国际移民划分为工作性、团聚性、学习性、投资性、休闲性和托庇性六大类。

1. 工作性迁移

工作性迁移是指移民为了获得更高的收益或者更好的工作环境而选择离开其祖籍国前往另一国家工作。

**词汇拓展**

【工作性迁移的类别】

技术移民 Skilled migrant workers　合同移民工 Contract migrant workers

季节性移民工 Seasonal migrant workers　边境工人 Frontier workers

① 李明欢：《国际移民的定义与类别——兼论中国移民问题》，《华人华侨研究历史》2009 年第 2 期。

② 李明欢：《国际移民的定义与类别——兼论中国移民问题》，《华人华侨研究历史》2009 年第 2 期。

非固定移民工 Temporary migrant workers 往返流动移民工 Itinerant workers 项目制移民工 Project - tied migrant workers

2. 团聚性迁移

“家庭团聚”是团聚性迁移最重要的组成部分。当家庭成员之一被另一国接纳为移民，或者当一位家庭成员首先作为移民在另一国立足后，其直系亲属均有权通过申请“家庭团聚”到该国团聚定居。此外，跨国收养的外籍儿童、不婚同居的外籍性伴侣（同性或异性），以及需要由移民赡养的年老父母等，在“家庭团聚”类移民申请中也日渐增加。

3. 学习性迁移

学习性迁移的主体是前往外国求学的留学生。还有一类比较特殊的学习性迁移是到外国的企事业单位接受技术培训类型，即通过办理相关手续后，到另一国家接受在岗职业培训。相关法令一般明确规定外国受训者只能在指定的机构工作，其接受培训的时间受到严格限制，在培训期满后必须离开受训国，返回原派出国。

4. 投资性迁移

在目的国投入该国移民法所规定的一定数额的资金；或者在该国创业并为当地人提供了规定数额的工作机会，从而获准移民该国的外国人，即为“投资移民”。

**案例拓展**

## 英国“黄金签证”叫停

英国政府决定暂停发放 Tier 1 签证计划中面向大型投资者的

"黄金签证"，并 2018 年 12 月 7 日午夜关闭。英国当局希望借此打击境内的洗钱活动和有组织犯罪行为。而对于已经提交的 Tier 1 类签证申请，按照常规方式受理，但新申请的接收工作在 2019 年前全面停止。

"黄金签证"于 2008 年开始实施，主要目的是吸引来自欧盟以外的富人在英国投资。此前，投资者只要在英国投资 200 万英镑以上，即可获得"黄金签证"，并且在英国生活 5 年后就能拿到永居许可。

据英国内政部的统计数据显示，10 年内已有超过 3000 人通过"黄金签证"获得在该国的居留许可。2018 年前 8 个月，共有 361 名投资者获得了英移民局发放的"黄金签证"。①

5. 休闲性迁移

休闲性迁移的主要目的便是提高自身生活质量，其方式多样：有富人一掷千金，迁移到自认为更合适的地方置业生活；也有一些高消费国家的中产阶级老龄人口，将生活地点迁移到消费水平较低的国家，以求在有限的收入内最大限度提高自己的生活质量。

6. 托庇性迁移

"托庇"指依靠别人的庇护，托庇性迁移即指通过迁移以获得另一国的保护。此类迁移情况相对复杂，分为主动与被动两大类型。

被动的托庇性迁移主要包括两类情况：一是因原居地遭受严重自然灾害而跨国寻求救济、保护的移民；二是遭受种族或政治性迫害而不得不逃离本国，寻求他国庇护的"难民"。

主动的托庇性迁移是指当事人通过跨国迁移维护或追求自身的特殊

① 《英国暂停向投资者发放"黄金签证"打击犯罪活动》，人民政协网，2018 年 12 月 7 日，http：//www. rmzxb. com. cn/c/2018 - 12 - 07/2235622. shtml。（上网时间：2019 年 1 月 20 日）

利益。[①]

## （三）国际移民迁徙的原因

国际移民迁徙的原因多种多样，但最根本的目的还是在于改善其个体或迁徙群体的生存状态[②]。以下介绍几点具体原因：

第一，冲突或暴力。当今世界的各个角落仍然存在战乱、恐怖主义等导致社会不安定的因素，这里的人们往往会遭受不同程度的迫害。为了自保和生存，他们只能背井离乡，被迫移民到其他国家。

第二，生态环境。自然灾害、水土流失和气候变化引发的环境问题严重威胁着生活在贫困地区的人类，使得他们被迫迁移。

第三，经济因素。比如不少人为了摆脱贫困或是看重发达国家良好的就业环境和商业机遇，因此选择移民来求得更好的发展。

第四，家庭团聚。在部分发达国家，一些人只身在其中打拼并且成功移民，他们的家庭成员会为了和家人团聚而受到移民法的照顾。

第五，婚姻或爱情。如今交通工具的发达使得各国籍者遍布世界各地，跨国爱情经常发生，为了爱情而结婚移民者不占少数。[③]

## （四）国际移民的影响

国际移民带来的影响绝对不是单一的，移民对移民迁入国和移民迁出国而言都有着积极与消极两方面的影响。

1. 国际移民的积极影响

第一，从移民迁入国方面考虑，国际人口迁移对提高人口素质有着

---

① 李明欢：《国际移民的定义与类别——兼论中国移民问题》，《华人华侨研究历史》2009 年第 2 期。

② 全球化智库：《中国国际移民报告（2018）》总报告，2018 年 6 月，第 2 页。

③ 李怡然：《全球化时代的中国国际移民问题》，《社会科学论坛》2018 年第 4 期。

积极的作用。国际移民促进接受国经济的发展，在人口增长和就业上起着重要的作用。国际移民还促进了城市的发展，其参与所在国的政治生活，进而促进民主政治的发展，对迁入国文化产生了重要影响。

第二，从移民迁出国方面考虑，移民寄回母国的汇款增加了迁出国的外汇和投资能力。国际移民也是国际民间外交的一支重要力量，是其祖籍国的有力支持者。

2. 国际移民的消极影响

国际人口迁移对迁入国和迁出国也有一定的负面影响。

第一，从迁入国方面考虑，国际移民带来的消极影响是难民问题、非法移民问题和跨国移民犯罪问题。移民特别是难民的大量涌入，加剧了世界部分地区的紧张局势，造成某些不安定因素。

第二，从移民迁出国方面考虑，对原籍国的负面影响主要表现为造成人力资源的流失，进而可能会影响原籍国的经济发展。①

## 三、情景体验

【任务 1】2018 年，国家移民管理局成立，请思考国家移民管理局成立的背景和作用。

【任务 2】请查阅国际移民的案例，讨论国际移民的原因和影响。

## 四、本节小结

- 国际移民的定义。
- 国际移民的类型。
- 国际移民的原因和影响。

---

① 李其荣：《国际移民对输出国与输入国的双重影响》，《社会科学》2007 年第 9 期。

## 五、推荐材料

### （一）文献

李明欢：《国际移民的定义与类别——兼论中国移民问题》，《华人华侨研究历史》2009年第2期。

李其荣：《国际移民对输出国与输入国的双重影响》，《社会科学》2007年第9期。

李怡然：《全球化时代的中国国际移民问题》，《社会科学论坛》2018年第4期。

全球化智库：《中国国际移民报告（2018）》总报告，2018年6月。

### （二）影像

《彼岸之梦：中国人的移民路》，2012年。

《金色道钉：华工与美国太平洋铁路》，2010年。

### （三）网站

联合国iLibrary数据库，https：//www.un－ilibrary.org。

国际移民组织官网，https：//www.iom.int。

# 第二节　非法移民

## 一、案例导入

---

**一支来自加勒比海的大军**

据西班牙《先锋报》网站2018年10月21日报道，10月13日由洪都拉斯出发的移民大军于21日冲破墨西哥政府的封锁，从墨西哥南部继续向美国挺进。一夜之间，大军人数增加到大约5000人。他们计划从墨西哥边境城市伊达尔戈步行约40公里到达该国另一座城市塔帕丘拉，并在当地落脚。

这支移民大军的目标是到达美墨边界，这将是一段长达2000公里的路程。如果选择通往蒂华纳的西北路线，行程或将达到4000公里。其中有数百人已在墨西哥申请难民身份，估计仍有1500人身处苏恰特河的危地马拉一侧，等待着以合法身份进入墨西哥。如果被拒绝，他们也许会试图通过非法过境点进入墨西哥。

另据报道，美国总统特朗普在10月22日离开白宫前接受记者采访时表示，由于中美洲国家洪都拉斯、危地马拉和萨尔瓦多未能阻止民众北上前往美国，美国将中断或大幅削减对这三国的援助。①

---

◆ 问题思考

- 为什么洪都拉斯移民大军会选择美墨边境作为目的地？
- 非法移民大军的进入会对当地造成哪些影响？

## 二、知识理论

本节将从三个方面展开有关国际非法移民的具体论述：国际非法移民形成原因、偷渡方式以及国际非法移民的治理工作。

---

① 《一支来自加勒比海的大军正在逼近美国，队伍还在壮大……》，凤凰资讯，2018年10月23日，http://news.ifeng.com/a/20181023/60124164_0.shtml。（上网时间：2018年12月27日）

## （一）国际非法移民

### 1. 非法移民的定义

非法移民是指没有合法签证而企图秘密进入一个国家的人、使用伪造证件的人以及持有合法签证入境而超过停留期限而滞留的人，或侵犯了入境相关法律没有取得获准而滞留的人。

### 2. 国际非法移民产生的原因

随着全球化的不断深化，国际人员流动的频率日益增加，非法移民问题也日益凸显。非法移民是国际移民的一种特殊形式，它的形成是国家主权控制与全球政治、经济失衡的产物。[①]

自从民族国家出现之后，随着主权意识的确立，各国把加强边界控制与人员流动作为国家主权的重要象征，从而使得人口的迁移有了法律上的规定。这便产生合法移民与非法移民之分，同时表明非法移民问题不是从来就有的，而是人类社会发展过程中的阶段性产物。因此，非法移民问题展现了一种矛盾状态，即国家的主权管辖与人类迁徙自由之间的矛盾。

第一，国家主权对人口自然流动迁徙的阻碍。国家的主权控制使得原本处于自然流动状态的人口迁徙遭遇人为设置的障碍，最主要的体现是移民目的国采取限制性移民政策，即从数量上、对象上、方式上对移民进行限制与选择。世界上诸多国家尤其是西方发达国家［西班牙（1985 年，制定了规制外国人权利与义务的《外国人法》）等］，均制定了相关移民法律。其目的在于有效管控人口的出入境行为，并吸引自己需要的国际移民，而将不需要的外国人拒之门外。

① 唐慧云：《全球非法移民治理困境及未来研究》，《国际关系研究》2017 年第 2 期。

第二，各国经济发展的差距是最基本动因。非法移民也是全球政治、经济发展失衡的一种重要体现。世界体系理论认为，当今世界存在一个中心—半边缘—边缘结构，居于核心地位的发达国家无论是在政治领域还是经济贸易领域，都拥有充分甚至绝对的话语权。在一个交通、通信、信息日益便捷化的时代，作为一个理性行为者，个人可以选择通过移民他国的方式来改变自己的生活境遇，甚至改善整个家庭的发展困境。也就是说，非法移民的主要目的很明确——为获取更好的生活水平、更大的发展空间和更多的发展机遇。因此，经济动因成为非法移民的最基本原因。① 中美洲移民在接受媒体采访时都提到国内普遍存在贫困和帮派暴力问题。

第三，历史渊源及裙带关系也是关键原因。一般意义来说，非法移民倾向于迁移到与其母国地缘相近、文化相似、有历史联系的地区，“并在有亲友或者朋友，或者来自于同一母国或社区，总之在有着相似背景或相同国籍的人的地方定居”。② 这是因为这种迁移从成本上来说更为合理、风险更小，而且非法移民更容易适应东道国的生活，更有利于在东道国扎根与发展。

例如，墨西哥、中美洲国家的非法移民大量迁移美国；西班牙非法移民的最大群体来自拉美地区的西语国家以及邻国摩洛哥；在意大利，来自北非和撒哈拉沙漠以南非洲国家的非法移民占大多数；在德国的非法移民群体中，来自土耳其和前南斯拉夫国家的人数占比较大，这两个国家原先都是德国客工计划的主要对象国；阿尔及利亚、摩洛哥和突尼斯等原法国殖民地国家的移民大量迁移到法国等。

---

① 陈积敏：《国际非法移民治理的困境与出路》，《和平与发展》2017 年第 1 期。

② James P. Smith and Barry Edmonston, ed., “The New Americans: Economic, Demographic, and Fiscal Effects of Immigration,” Washington D. C.: National Academy Press, 1997, p. 58.

第四，非法移民具有高利润、低风险的特点。从个体的角度来说，一方面非法迁徙者成功在目的国安身之后，一般都能找到比自己母国工资更高的工作。同时，非法移民还可以期待目的国的“大赦”政策（合法化政策），或者通过与目的国公民结婚等方式获取合法身份。这对非法移民来说，既是巨大的诱惑，又是实实在在的利益。从这个角度来说，移民个体是非法迁移行为的受益者。

3. 国际非法移民的偷渡方式

不同的历史时期，有不同的国际非法移民偷渡方式。20 世纪末，非法移民出境的方式主要是“假证 + 集装箱 + 客轮”；21 世纪后，非法移民的方式主要是“合法出境 + 非法滞留”。

4. 国际非法移民目的地

国际非法移民目的地的首选为发达国家，次选为易立足国家。如美国、加拿大、西班牙、法国、德国、意大利、日本、韩国等是全球非法移民较多的国家。

### （二）国际非法移民的治理

1. 国际非法移民治理的困境

随着全球化的不断深入，全球非法移民的数量不断增加。当前，全球非法移民治理存在诸多困境。

第一，伴随国际移民流动而来的是全球非法移民的增加。非法移民的准确数据难以统计，但是据联合国专家的统计显示，每年有 200 万—450 万非法移民穿越主权国家边境，前往移民接受国。据估计，全球移民有 10%—15% 是非法移民，数量达到 2000 万—3500 万。2010 年，全球有 5000 万非法移民通过偷渡非法入境。2013 年，全球有 2000 万—3500 万非法移民。其中，美国 1100 万—1200 万，欧盟 190 万—380 万，俄罗斯300万—500万，日本30万—100万，中东100万—300万，南美100万—300万。2013—2014年欧洲非法移民从10万增加到28.3万，2014—2015年非法移民的数量增加了6倍，超过180万。[①]

第二，对非法移民输出国而言，非法移民输出带来的更多是经济利益方面的外汇收入。但是对移民接受国而言，它的规模效应对输入国的国内政治产生了重要影响。对移民接受国而言，非法移民利弊并存，接受国对此爱恨交织：一方面，非法移民提供接受国经济发展所需的劳动力，交纳税收，有利于移民接受国的经济发展；另一方面，非法移民增加政府财政负担，并对本国劳动力就业产生竞争，从而导致公众对非法移民产生负面情绪。

2. 国际非法移民治理的措施

各国能否构建起一个科学、合理、有效的非法移民国家治理体系；能否减少利益集团或政治动机对移民政策制定和执行的影响；能否适应当前政治、经济形势的需要，是否具有足够的弹性与韧性。这些都是影响非法移民治理效果的重要因素。[②] 笔者认为国际非法移民治理的措施主要包括以下几点：

一是国家加强立法。国家通过立法的形式明确非法移民的性质，从而有效防止非法移民的滋长。中华人民共和国于2013年修订了《中华人民共和国出境入境管理法》《中华人民共和国外国人入境出境管理条例》，2018年成立了国家移民管理局，加强了对中国公民出入境和外国人入出境服务。

二是加强口岸查验。通过海关、国家移民局等机构，加强对各边检口岸的查验，从关键点预防非法移民。

---

① 唐慧云：《全球非法移民治理困境及未来研究》，《国际关系研究》2017年第2期。

② 陈积敏：《国际非法移民治理的困境与出路》，《和平与发展》2017年第1期。

三是驻外使领馆宣传引导。各国驻外使领馆要积极宣传，对已非法滞留驻在国的非法移民要进行引导。

四是加强护照颁发管理。公安部、国家移民局等相关机构要加强对护照颁发的管理，防止各类违法使用护照行为的发生。

五是开展国际合作。全球性问题的一个重要特征在于其议题的复杂性与影响的广泛性，这意味着没有一个单个国家能够有足够的资源、能力独自应对。因而，更广泛的国际合作便成为一种必然选择。联合国要整合全球非法移民主要治理主体——国际组织以及社会团体的资源，发挥联合国全球领导力，建立和发展有效的全球非法移民机制。中国于2016年加入国际移民组织，将在国际移民领域发挥更大作用，贡献中国智慧，推动移民领域国际合作。

## 三、情景体验

【任务1】近年来，《外国人在中国就业管理规定》《外国人在中国永久居留审批管理办法》和《中华人民共和国外国人永久居留管理条例》（征求意见稿）等文件陆续出台，请分析文件的国际背景和意义。

【任务2】请思考驻外使领馆如何参与治理国际非法移民问题。

【任务3】请分组辩论，中国驻外使领馆是否应该保护中国非法移民。

## 四、本节小结

- 非法移民的定义和类型。
- 非法移民的形成原因。
- 非法移民的主要影响。

## 四、推荐材料

### （一）文献

吴前进、罗爱玲、罗辉：《欧洲移民危机与全球化困境：症结、趋势与反思》，社会科学文献出版社 2018 年版。

田源：《移民与国家安全》，世界知识出版社 2010 年版。

### （二）影视

《非法移民》，2010 年。

《含泪活着》，2006 年。

### （三）网站

国际移民组织网站，https：//www. iom. int/。

中国与全球化智库网站，http：//www. ccg. org. cn/。

国家移民管理局官网，https：//www. nia. gov. cn/。

# 附　　录

## 维也纳外交关系公约

本公约各当事国：

鉴于各国人民自古即已确认外交代表之地位，

察及联合国宪章之宗旨及原则中有各国主权平等、维持国际和平与安全、以及促进国际间友好关系等项，

深信关于外交往来，特权及豁免之国际公约当能有助于各国间友好关系之发展——此项关系对于各国宪政及社会制度之差异，在所不问，

确认此等特权与豁免之目的不在于给与个人以利益而在于确保代表国家之使馆能有效执行职务。

重申凡未经本公约明文规定之问题应继续适用国际习惯法之规例，

爰议定条款如下：

第一条

就适用本公约而言，下列名称之意义，应依下列规定：

（甲）称“使馆馆长”者，谓派遣国责成担任此项职位之人；

（乙）称“使馆人员”者，谓使馆馆长及使馆职员；

（丙）称“使馆职员”者，谓使馆外交职员、行政及技术职员，及事务职员；

（丁）称“外交职员”者，谓具有外交官级位之使馆职员；

（戊）称“外交代表”者，谓使馆馆长或使馆外交职员；

（己）称“行政及技术职员”者，谓承办使馆行政及技术事务之使馆职员；

（庚）称“事务职员”者，谓为使馆仆役之使馆职员；

（辛）称“私人仆役”者，谓充使馆人员佣仆而非为派遣国雇用之人；

（壬）称“使馆馆舍”者，谓供使馆使用及供使馆馆长寓邸之用之建筑物或建筑物之各部分，以及其所附属之土地，至所有权谁属，则在所不问。

第二条

国与国间外交关系及常设使馆之建立，以协议为之。

第三条

一、除其他事项外，使馆之职务如下：

（甲）在接受国中代表派遣国；

（乙）于国际法许可之限度内，在接受国中保护派遣国及其国民之利益；

（丙）与接受国政府办理交涉；

（丁）以一切合法手段调查接受国之状况及发展情形，向派遣国政府具报；

（戊）促进派遣国与接受国间之友好关系，及发展两国间之经济、文化与科学关系。

二、本公约任何规定不得解释为禁止使馆执行领事职务。

第四条

一、派遣国对于拟派驻接受国之使馆馆长人选务须查明其确已获得接受国之同意。

二、接受国无须向派遣国说明不予同意之理由。

第五条

一、派遣国向有关接受国妥为通知后，得酌派任一使馆馆长或外交职员兼驻一个以上国家，但任何接受国明示反对者，不在此限。

二、派遣国委派使馆馆长兼驻另一国或数国者，得在该馆长不常川驻节之国内，设立以临时代办为馆长之使馆。

三、使馆馆长或使馆任何外交职员得兼任派遣国驻国际组织之代表。

第六条

两个以上国家得合派同一人为驻另一国之使馆馆长，但接受国表示反对者不在此限。

第七条

除第五条、第八条、第九条及第十一条另有规定外，派遣国得自由委派使馆职员。关于陆、海、空军武官，接受国得要求先行提名，征求该国同意。

第八条

一、使馆外交职员原则上应属派遣国国籍。

二、委派属接受国国籍之人为使馆外交职员，非经接受国同意，不得为之；此项同意得随时撤销之。

三、接受国对于第三国国民之亦非为派遣国国民者，得保留同样之权利。

第九条

一、接受国得随时不具解释通知派遣国宣告使馆馆长或使馆任何外交职员为不受欢迎人员或使馆任何其他职员为不能接受。遇此情形，派遣国应斟酌情况召回该员或终止其在使馆中之职务。任何人员得于其到达接受国国境前，被宣告为不受欢迎或不能接受。

二、如派遣国拒绝或不在相当期间内履行其依本条第一项规定所负义务，接受国得拒绝承认该员为使馆人员。

第十条

一、下列事项应通知接受国外交部或另经商定之其他部：

（甲）使馆人员之委派，其到达及最后离境或其在使馆中职务之终止；

（乙）使馆人员家属到达及最后离境；遇有任何人成为或不复为使馆人员家属时，亦宜酌量通知；

（丙）本项（甲）款所称人员雇用之私人仆役到达及最后离境；遇有私人仆役不复受此等人员雇用时，亦宜酌量通知；

（丁）雇用居留接受国之人为使馆人员或为得享特权与豁免之私人仆役时，其雇用与解雇。

二、到达及最后离境，于可能范围内，亦应事先通知。

第十一条

一、关于使馆之构成人数如另无协议，接受国得酌量本国环境与情况及特定使馆之需要，要求使馆构成人数不超过该国认为合理及正常之限度。

二、接受国亦得在同样范围内并在无差别待遇之基础上，拒绝接受某一类之官员。

第十二条

派遣国非经接受国事先明示同意，不得在使馆本身所在地以外之地点设立办事处，作为使馆之一部分。

第十三条

一、使馆馆长依照接受应予划一适用之通行惯例。在呈递国书后或在向接受国外交部或另经商定之其他部通知到达并将所奉国书正式副本送交后，即视为已在接受国内开始执行职务。

二、呈递国书或递送国书正式副本之次第依使馆馆长到达之日期及时间先后定之。

第十四条

一、使馆馆长分为如下三级：

（甲）向国家元首派遣之大使或教廷大使，及其他同等级位之使馆馆长；

（乙）向国家元首派遣之使节、公使及教廷公使；

（丙）向外交部长派遣之代办。

二、除关于优先地位及礼仪之事项外，各使馆馆长不应因其所属等级而有任何差别。

第十五条

使馆馆长所属之等级应由关系国家商定之。

第十六条

一、使馆馆长在其各别等级中之优先地位应按照其依第十三条规定开始执行职务之日期及时间先后定之。

二、使馆馆长之国书如有变更而对其所属等级并无更动时，其优先地位不受影响。

三、本条规定不妨碍接受国所采行关于教廷代表优先地位之任何办法。

第十七条

使馆外交职员之优先顺序应由使馆馆长通知外交部或另经商定之其他部。

第十八条

各国接待使馆馆长，对于同一等级之馆长应适用划一程序。

第十九条

一、使馆馆长缺位或不能执行职务时，应由临时代办暂代使馆馆长。临时代办姓名应由使馆馆长通知接受国外交部或另经商定之其他部；如馆长不能通知时，则由派遣国外交部通知之。

二、使馆如在接受国内并无外交职员时，派遣国得于征得接受国同意后，指派行政或技术职员一人，主持使馆日常行政事务。

第二十条

使馆及其馆长有权在使馆馆舍，及在使馆馆长寓邸与交通工具上使用派遣国之国旗或国徽。

第二十一条

一、接受国应便利派遣国依照接受国法律在其境内置备派遣国使馆所需之馆舍，或协助派遣国以其他方法获得房舍。

二、接受国遇必要时，并应协助使馆为其人员获得适当之房舍。

第二十二条

一、使馆馆舍不得侵犯。接受国官吏非经使馆馆长许可，不得进入使馆馆舍。

二、接受国负有特殊责任，采取一切适当步骤保护使馆馆舍免受侵入或损害，并防止一切扰乱使馆安宁或有损使馆尊严之情事。

三、使馆馆舍及设备，以及馆舍内其他财产与使馆交通工具免受搜查、征用、扣押或强制执行。

第二十三条

一、派遣国及使馆馆长对于使馆所有或租赁之馆舍，概免缴纳国家、区域或地方性捐税，但其为对供给特定服务应纳之费者不在此列。

二、本条所称之免税，对于与派遣国或使馆馆长订立承办契约者依接受国法律应纳之捐税不适用之。

第二十四条

使馆档案及文件无论何时，亦不论位于何处，均属不得侵犯。

第二十五条

接受国应给予使馆执行职务之充分便利。

第二十六条

除接受国为国家安全设定禁止或限制进入区域另订法律规章外，接受国应确保所有使馆人员在其境内行动及旅行之自由。

第二十七条

一、接受国应允许使馆为一切公务目的自由通讯，并予保护。使馆与派遣国政府及无论何处之该国其他使馆及领事馆通讯时，得采用一切适当方法，包括外交信差及明密码电信在内。但使馆非经接受国同意，不得装置并使用无线电发报机。

二、使馆之来往公文不得侵犯。来往公文指有关使馆及其职务之一切来往文件。

三、外交邮袋不得予以开拆或扣留。

四、构成外交邮袋之包裹须附有可资识别之外部标记，以装载外交文件或公务用品为限。

五、外交信差应持有官方文件，载明其身分及构成邮袋之包裹件数；其于执行职务时，应受接受国保护。外交信差享有人身不得侵犯权，不受任何方式之逮捕或拘禁。

六、派遣国或使馆得派特别外交信差。遇此情形，本条第五项之规定亦应适用，但特别信差将其所负责携带之外交邮袋送交收件人后，即不复享有该项所称之豁免。

七、外交邮袋得托交预定在准许入境地点降落之商营飞机机长转递。机长应持有官方文件载明构成邮袋之邮包件数，但机长不得视为外交信差。使馆得派馆员一人径向飞机机长自由取得外交邮袋。

第二十八条

使馆办理公务所收之规费及手续费免征一切捐税。

第二十九条

外交代表人身不得侵犯。外交代表不受任何方式之逮捕或拘禁。接受国对外交代表应特示尊重，并应采取一切适当步骤以防止其人身、自由或尊严受有任何侵犯。

第三十条

一、外交代表之私人寓所一如使馆馆舍应享有同样之不得侵犯权及保护。

二、外交代表之文书及信件同样享有不得侵犯权；其财产除第三十一条第三项另有规定外，亦同。

第三十一条

一、外交代表对接受国之刑事管辖享有豁免。除下列案件外，外交代表对接受国之民事及行政管辖亦享有豁免：

（甲）关于接受国境内私有不动产之物权诉讼，但其代表派遣国为使馆用途置有之不动产不在此列；

（乙）关于外交代表以私人身分并不代表派遣国而为遗嘱执行人、遗产管理人、继承人或受遗赠人之继承事件之诉讼；

（丙）关于外交代表于接受国内在公务范围以外所从事之专业或商

务活动之诉讼。

二、外交代表无以证人身分作证之义务。

三、对外交代表不得为执行之处分，但关于本条第一项（甲）、（乙）、（丙）各款所列之案件，而执行处分复无损于其人身或寓所之不得侵犯权者，不在此限。

四、外交代表不因其对接受国管辖所享之豁免而免除其受派遣国之管辖。

第三十二条

一、外交代表及依第三十七条享有豁免之人对管辖之豁免得由派遣国抛弃之。

二、豁免之抛弃，概须明示。

三、外交代表或依第三十七条享有管辖之豁免之人如主动提起诉讼即不得对与主诉直接相关之反诉主张管辖之豁免。

四、在民事或行政诉讼程序上管辖豁免之抛弃，不得视为对判决执行之豁免亦默示抛弃，后项抛弃须分别为之。

第三十三条

一、除本条第三项另有规定外，外交代表就其对派遣国所为之服务而言，应免适用接受国施行之社会保险办法。

二、专受外交代表雇用之私人仆役亦应享有本条第一项所规定之豁免，但以符合下列条件为限：

（甲）非接受国国民且不在该国永久居留者；

（乙）受有派遣国或第三国之社会保险办法保护者。

三、外交代表如其所雇人员不得享受本条第二项所规定之豁免，应履行接受国社会保险办法对雇主所规定之义务。

四、本条第一项及第二项所规定之豁免不妨碍对于接受国社会保险制度之自愿参加，但以接受国许可参加为限。

五、本条规定不影响前此所订关于社会保险之双边或多边协定，亦不禁止此类协定之于将来议订。

第三十四条

外交代表免纳一切对人或对物课征之国家、区域、或地方性捐税，但下列各项，不在此列：

（甲）通常计入商品或劳务价格内之间接税；

（乙）对于接受国境内私有不动产课征之捐税，但其代表派遣国为使馆用途而置有之不动产，不在此列；

（丙）接受国课征之遗产税、遗产取得税或继承税，但以不抵触第三十九条第四项之规定为限；

（丁）对于自接受国内获致之私人所得课征之捐税，以及对于在接受国内商务事业上所为投资课征之资本税；

（戊）为供给特定服务所收费用；

（己）关于不动产之登记费、法院手续费或记录费、抵押税及印花税；但第二十三条另有规定者，不在此列。

第三十五条

接受国对外交代表应免除一切个人劳务及所有各种公共服务，并应免除关于征用、军事募捐及屯宿等之军事义务。

第三十六条

一、接受国应依本国制定之法律规章，准许下列物品入境，并免除一切关税及贮存、运送及类似服务费用以外之一切其他课征：

（甲）使馆公务用品；

（乙）外交代表或与其构成同一户口之家属之私人用品，包括供其定居之用之物品在内。

二、外交代表私人行李免受查验，但有重大理由推定其中装有不在本条第一项所称免税之列之物品，或接受国法律禁止进出口或有检疫条例加以管制之物品者，不在此限。遇此情形，查验须有外交代表或其授权代理人在场，方得为之。

第三十七条

一、外交代表之与其构成同一户口之家属，如非接受国国民，应享有第二十九条至三十六条所规定之特权与豁免。

二、使馆行政与技术职员暨与其构成同一户口之家属，如非接受国国民且不在该国永久居留者，均享有第二十九条至第三十五条所规定之特权与豁免，但第三十一条第一项所规定对接受国民事及行政管辖之豁免不适用于执行职务范围以外之行为。关于最初定居时所输入之物品，此等人员亦享有第三十六条第一项所规定之特权。

三、使馆事务职员如非接受国国民且不在该国永久居留者，就其执行公务之行为享有豁免，其受雇所得酬报免纳捐税，并享有第三十三条所载之豁免。

四、使馆人员之私人仆役如非接受国国民且不在该国永久居留者，其受雇所得酬报免纳捐税。在其他方面，此等人员仅得在接受国许可范围内享有特权与豁免。但接受国对此等人员所施之管辖应妥为行使，以免对使馆职务之执行有不当之妨碍。

第三十八条

一、除接受国特许享受其他特权及豁免外，外交代表为接受国国民或在该国永久居留者，仅就其执行职务之公务行为，享有管辖之豁免及不得侵犯权。

二、其他使馆馆员及私人仆役为接受国国民或在该国永久居留者仅得在接受国许可之范围内享有特权与豁免。但接受国对此等人员所施之管辖应妥为行使，以免对使馆职务之执行有不当之妨碍。

第三十九条

一、凡享有外交特权与豁免之人，自其进入接受国国境前往就任之时起享有此项特权与豁免，其已在该国境内者，自其委派通知外交部或另经商定之其他部之时开始享有。

二、享有特权与豁免人员之职务如已终止，此项特权与豁免通常于该员离境之时或听任其离境之合理期间终了之时停止，纵有武装冲突情事，亦应继续有效至该时为止。但关于其以使馆人员资格执行职务之行为，豁免应始终有效。

三、遇使馆人员死亡，其家属应继续享有应享之特权与豁免，至听任其离境之合理期间终了之时为止。

四、遇非为接受国国民且不在该国永久居留之使馆人员或与其构成同一户口之家属死亡，接受国应许可亡故者之动产移送出国，但任何财产如系在接受国内取得而在当事人死亡时禁止出口者，不在此列。动产之在接受国纯系因亡故者为使馆人员或其家属而在接受国境内所致者，应不课征遗产税、遗产取得税及继承税。

第四十条

一、遇外交代表前往就任或返任或返回本国，道经第三国国境或在该国境内，而该国曾发给所需之护照签证时，第三国应给予不得侵犯权及确保其过境或返回所必需之其他豁免。享有外交特权或豁免之家属与外交代表同行时，或单独旅行前往会聚或返回本国时，本项规定同样适用。

二、遇有类似本条第一项所述之情形，第三国不得阻碍使馆之行政与技术或事务职员及其家属经过该国国境。

三、第三国对于过境之来往公文及其他公务通讯，包括明密码电信在内，应一如接受国给予同样之自由及保护。第三国于已发给所需护照签证之外交信差及外交邮袋过境时，应比照接受国所负之义务，给予同样之不得侵犯权及保护。

四、第三国依本条第一项、第二项及第三项规定所负之义务，对于各该项内分别述及之人员与公务通讯及外交邮袋之因不可抗力而在第三国境内者，亦适用之。

第四十一条

一、在不妨碍外交特权与豁免之情形下，凡享有此项特权与豁免之人员，均负有尊重接受国法律规章之义务。此等人员并负有不干涉该国内政之义务。

二、使馆承派遣国之命与接受国洽商公务，概应径与或经由接受国外交部或另经商定之其他部办理。

三、使馆馆舍不得充作与本公约或一般国际法之其他规则、或派遣国与接受国间有效之特别协定所规定之使馆职务不相符合之用途。

第四十二条

外交代表不应在接受国内为私人利益从事任何专业或商业活动。

第四十三条

除其他情形外，外交代表之职务遇有下列情事之一即告终了：

（甲）派遣国通知接受国谓外交代表职务业已终了；

（乙）接受国通知派遣国谓依第九条第二项之规定该国拒绝承认该外交代表为使馆人员。

第四十四条

接受国对于非为接受国国民之享有特权与豁免人员，以及此等人员之家属，不论其国籍为何，务须给予便利使能尽早离境，纵有武装冲突情事，亦应如此办理。遇必要时，接受国尤须供给其本人及财产所需之交通运输工具。

第四十五条

遇两国断绝外交关系，或遇使馆长期或暂时撤退时：

（甲）接受国务应尊重并保护使馆馆舍以及使馆财产与档案，纵有武装冲突情事，亦应如此办理；

（乙）派遣国得将使馆馆舍以及使馆财产与档案委托接受国认可之第三国保管；

（丙）派遣国得委托接受国认可之第三国代为保护派遣国及其国民之利益。

第四十六条

派遣国经接受国事先同意，得应未在接受国内派有代表之第三国之请求，负责暂时保护该第三国及其国民之利益。

第四十七条

一、接受国适用本公约规定时，对各国不得差别待遇。

二、但下列情形不以差别待遇论：

（甲）接受国因派遣国对接受国使馆适用本公约任一规定有所限制，对同一规定之适用亦予限制；

（乙）各国依惯例或协定，彼此给予较本公约所规定者更为有利之待遇。

第四十八条

本公约应听由联合国或任何专门机关之全体会员国、或国际法院规约当事国、及经联合国大会邀请成为本公约当事一方之任何其他国家签署，其办法如下：至 1961 年 10 月 31 日止在奥地利联邦外交部签署，其后至 1962 年 3 月 31 日止在纽约联合国会所签署。

第四十九条

本公约须经批准。批准文件应送交联合国秘书长存放。

第五十条

本公约应听由属于第四十八条所称四类之一之国家加入。加入文件应送交联合国秘书长存放。

第五十一条

一、本公约应于第二十二件批准或加入文件送交联合国秘书长存放之日后第三十日起发生效力。

二、对于在第二十二件批准或加入文件存放后批准或加入本公约之国家，本公约应于各该国存放批准或加入文件后第三十日起发生效力。

第五十二条

联合国秘书长应将下列事项通知所有属于第四十八条所称四类之一之国家：

（甲）依第四十八条、第四十九条及第五十条对本公约所为之签署及送存之批准或加入文件；

（乙）依第五十一条本公约发生效力之日期。

第五十三条

本公约之原本应交联合国秘书长存放，其中文、英文、法文、俄文及西班牙文各本同一作准；秘书长应将各文正式副本分送所有属于第四十八条所称四类之一之国家。

为此，下列全权代表，各秉本国政府正式授予签字之权，谨签字于本公约，以昭信守。

公历 1961 年 4 月 18 日订于维也纳。

# 维也纳领事关系公约

本公约各当事国：

查各国人民自古即已建立领事关系，

察及联合国宪章关于各国主权平等、维持国际和平与安全以及促进国际间友好关系之宗旨及原则，鉴于联合国外交往来及豁免会议曾通过维也纳外交关系公约，该公约业自一九六一年四月十八日起听由各国签署，深信一项关于领事关系、特权及豁免之国际公约亦能有助于各国间友好关系之发展，不论各国宪政及社会制度之差异如何，认为此等特权及豁免之目的不在于给与个人以利益而在于确保领馆能代表本国有效执行职务，确认凡未经本公约明文规定之事项应继续适用国际习惯法之规例，爰议定条款如下：

第一条　定义

一、就本公约之适用而言，下列名称应具意义如次：

（一）称“领馆”者，谓任何总领事馆、领事馆、副领事馆或领事代理处；

（二）称“领馆辖区”者，谓为领馆执行职务而设定之区域；

（三）称“领馆馆长”者，谓奉派任此职位之人员；

（四）称“领事官员”者，谓派任此职承办领事职务之任何人员，包括领馆馆长在内；

（五）称“领馆雇员”者，谓受雇担任领馆行政或技术事务之任何人员；

（六）称“服务人员”者，谓受雇担任领馆杂务之任何人员；

（七）称“领馆人员”者，谓领事官员、领馆雇员及服务人员；

（八）称“领馆馆员”者，谓除馆长以外之领事官员、领馆雇员及服务人员；

（九）称“私人服务人员”者，谓受雇专为领馆人员私人服务之人员；

（十）称“领馆馆舍”者，谓专供领馆使用之建筑物或建筑物之各部分，以及其所附属之土地，至所有权谁属，则在所不问；

（十一）称“领馆档案”者，谓领馆之一切文书、文件、函电、簿籍、胶片、胶带及登记册，以及明密电码、纪录卡片及供保护或保管此等文卷之用之任何器具。

二、领事官员分为两类，即职业领事官员与名誉领事官员。本公约第二章之规定对以职业领事官员为馆长之领馆适用之；第三章之规定对以名誉领事官员为馆长之领馆适用之。

三、领馆人员为接受国国民或永久居民者，其特殊地位依本公约第七十一条定之。

第一章　一般领事关系

第一节　领事关系之建立及处理

第二条　领事关系之建立

一、国与国间领事关系之建立，以协议为之。

二、除另有声明外，两国同意建立外交关系亦即谓同意建立领事关系。

三、断绝外交关系并不当然断绝领事关系。

第三条　领事职务之行使

领事职务由领馆行使之。此项职务亦得由使馆依照本公约之规定行使之。

第四条　领馆之设立

一、领馆须经接受国同意始得在该国境内设立。

二、领馆之设立地点、领馆类别及其辖区由派遣国定之，惟须经接受国同意。

三、领馆之设立地点、领馆类别及其辖区确定后，派遣国须经接受国同意始得变更之。

四、总领事馆或领事馆如欲在本身所在地以外之地点设立副领事馆或领事代理处亦须经接受国同意。

五、在原设领馆所在地以外开设办事处作为该领馆之一部分，亦须事先征得接受国之明示同意。

第五条　领事职务

领事职务包括：

（一）于国际法许可之限度内，在接受国内保护派遣国及其国民——个人与法人——之利益；

（二）依本公约之规定，增进派遣国与接受国间之商业、经济、文化及科学关系之发展，并在其他方面促进两国间之友好关系；

（三）以一切合法手段调查接受国内商业、经济、文化及科学活动之状况及发展情形，向派遣国政府具报，并向关心人士提供资料；

（四）向派遣国国民发给护照及旅行证件，并向拟赴派遣国旅行人士发给签证或其他适当文件；

（五）帮助及协助派遣国国民——个人与法人；

（六）担任公证人，民事登记员及类似之职司，并办理若干行政性质之事务，但以接受国法律规章无禁止之规定为限；

（七）依接受国法律规章在接受国境内之死亡继承事件中，保护派遣国国民——个人与法人——之利益；

（八）在接受国法律规章所规定之限度内，保护为派遣国国民之未成年人及其他无充分行为能力人之利益，尤以须对彼等施以监护或托管之情形为然；

（九）以不抵触接受国内施行之办法与程序为限，遇派遣国国民因不在当地或由于其他原因不能于适当期间自行辩护其权利与利益时，在接受国法院及其他机关之前担任其代表或为其安排适当之代表，俾依照接受国法律规章取得保全此等国民之权利与利益之临时措施；

（十）依现行国际协定之规定或于无此种国际协定时，以符合接受国法律规章之任何其他方式，转送司法书状与司法以外文件或执行嘱托调查书或代派遣国法院调查证据之委托书；

（十一）对具有派遣国国籍之船舶，在该国登记之航空机以及其航行人员，行使派遣国法律规章所规定之监督及检查权；

（十二）对本条第（十一）款所称之船舶与航空机及其航行人员给予协助，听取关于船舶航程之陈述，查验船舶文书并加盖印章，于不妨害接受国当局权力之情形下调查航行期间发生之任何事故及在派遣国法律规章许可范围内调解船长船员与水手间之任何争端；

（十三）执行派遣国责成领馆办理而不为接受国法律规章所禁止、或不为接受国所反对、或派遣国与接受国间现行国际协定所订明之其他职务。

第六条　在领馆辖区外执行领事职务

在特殊情形下，领事官员经接受国同意，得在其领馆辖区外执行职务。

第七条　在第三国中执行领事职务

派遣国得于通知关系国家后，责成设于特定国家之领馆在另一国内执行领事职务，但以关系国家均不明示反对为限。

第八条　代表第三国执行领事职务

经适当通知接受国后，派遣国之一领馆得代表第三国在接受国内执行领事职务，但以接受国不表反对为限。

第九条　领馆馆长之等级

一、领馆馆长分为四级，即：

（一）总领事；

（二）领事；

（三）副领事；

（四）领事代理人。

二、本条第一项之规定并不限制任何缔约国对馆长以外之领事官员设定衔名之权。

第十条　领馆馆长之委派及承认

一、领馆馆长由派遣国委派，并由接受国承认准予执行职务。

二、除本公约另有规定外，委派及承认领馆馆长之手续各依派遣国及接受国之法律规章与惯例办理。

第十一条　领事委任文凭或委派之通知

一、领馆馆长每次奉派任职，应由派遣国发给委任文凭或类似文书以充其职位之证书，其上通例载明馆长之全名，其职类与等级，领馆辖区及领馆设置地点。

二、派遣国应经由外交途径或其他适当途径将委任文凭或类似文书转送领馆馆长执行职务所在地国家之政府。

三、如接受国同意，派遣国得向接受国致送载列本条第一项所规定各节之通知，以替代委任文凭或类似文书。

第十二条　领事证书

一、领馆馆长须经接受国准许方可执行职务，此项准许不论采何形式，概称领事证书。

二、一国拒不发给领事证书，无须向派遣国说明其拒绝之理由。

三、除第十三条及第十五条另有规定外，领馆馆长非俟获得领事证书不得开始执行职务。

第十三条　暂时承认领馆馆长

领事证书未送达前，领馆馆长得暂时准予执行职务。遇此情形，本公约之各项规定应即适用。

第十四条　通知领馆辖区当局

领馆馆长一经承认准予执行职务后，接受国应立即通知领馆辖区之各主管当局，即令系属暂时性质，亦应如此办理。接受国并应确保采取必要措施，使领馆馆长能执行其职责并可享受本公约所规定之利益。

第十五条　暂时代理领馆馆长职务

一、领馆馆长不能执行职务或缺位时，得由代理馆长暂代领馆馆长。

二、代理馆长之全名应由派遣国使馆通知接受国外交部或该部指定之机关；如该国在接受国未设使馆，应由领馆馆长通知，馆长不能通知时，则由派遣国主管机关通知之。此项通知通例应事先为之。如代理馆长非为派遣国驻接受国之外交代表或领事官员，接受国得以征得其同意为承认之条件。

三、接受国主管机关应予代理馆长以协助及保护。代理馆长主持馆务期间应在与领馆馆长相同之基础上适用本公约各项规定。惟如领馆馆长系在代理馆长并不具备之条件下始享受便利、特权与豁免时，接受国并无准许代理馆长享受此种便利、特权与豁免之义务。

四、遇本条第一项所称之情形，派遣国驻接受国使馆之外交职员奉派遣国派为领馆代理馆长时，倘接受国不表反对，应继续享有外交特权与豁免。

第十六条　领馆馆长间之优先位次

一、领馆馆长在各别等级中之优先位次依颁给领事证书之日期定之。

二、惟如领馆馆长在获得领事证书前业经暂时承认准予执行职务，其优先位次依给予暂时承认之日期定之；此项优先位次在颁给领事证书后，仍应维持之。

三、两个以上领馆馆长同日获得领事证书或暂时承认者，其相互间之位次依委任文凭或类似文书或第十一条第三项所称之通知送达接受国之日期定之。

四、代理馆长位于所有领馆馆长之后，其相互间之位次依遵照第十五条第二项所为通知中述明之开始担任代理馆长职务日期定之。

五、名誉领事官员任领馆馆长者在各别等级中位于职业领馆馆长之后，其相互间之位次依前列各项所订定之次序及规则定之。

六、领馆馆长位于不任此职之领事官员之先。

第十七条　领事官员承办外交事务

一、在派遣国未设使馆亦未由第三国使馆代表之国家内，领事官员经接受国之同意，得准予承办外交事务，但不影响其领事身分。领事官员承办外交事务，并不因而有权主张享有外交特权及豁免。

二、领事官员得于通知接受国后，担任派遣国出席任何政府间组织之代表。领事官员担任此项职务时，有权享受此等代表依国际习惯法或国际协定享有之任何特权及豁免；但就其执行领事职务而言，仍无权享有较领事官员依本公约所享者为广之管辖之豁免。

第十八条　两个以上国家委派同一人为领事官员

两个以上国家经接受国之同意得委派同一人为驻该国之领事官员。

第十九条　领馆馆员之委派

一、除第二十条、第二十二条及第二十三条另有规定外，派遣国得自由委派领馆馆员。

二、派遣国应在充分时间前将领馆馆长以外所有领事官员之全名、职类及等级通知接受国，俾接受国得依其所愿，行使第二十三条第三项所规定之权利。

三、派遣国依其本国法律规章确有必要时，得请接受国对领馆馆长以外之领事官员发给领事证书。

四、接受国依其本国法律规章确有必要时，得对领馆馆长以外之领事官员发给领事证书。

第二十条　领馆馆员人数

关于领馆馆员人数如无明确协议，接受国得酌量领馆辖区内之环境与情况及特定领馆之需要，要求馆员人数不超过接受国认为合理及正常之限度。

第二十一条　领馆领事官员间之优先位次

同一领馆内领事官员间之优先位次以及关于此项位次之任何变更应由派遣国使馆通知接受国外交部或该部指定之机关，如派遣国在接受国未设使馆，则由领馆馆长通知之。

第二十二条　领事官员之国籍

一、领事官员原则上应属派遣国国籍。

二、委派属接受国国籍之人为领事官员，非经该国明示同意，不得为之；此项同意得随时撤销之。

三、接受国对于非亦为派遣国国民之第三国国民，得保留同样权利。

第二十三条　认为不受欢迎之人员

一、接受国得随时通知派遣国，宣告某一领事官员为不受欢迎人员或任何其他领馆馆员为不能接受。遇此情事，派遣国应视情形召回该员或终止其在领馆中之职务。

二、倘派遣国拒绝履行或不在相当期间内履行其依本条第一项所负之义务，接受国得视情形撤销关系人员之领事证书或不复承认该员为领馆馆员。

三、任何派为领馆人员之人得于其到达接受国国境前——如其已在接受国境内，于其在领馆就职前——被宣告为不能接受。遇此情形，派遣国应撤销该员之任命。

四、遇本条第一项及第三项所称之情形，接受国无须向派遣国说明其所为决定之理由。

第二十四条　向接受国通知委派到达及离境

一、下列事项应通知接受国外交部或该部指定之机关：

（一）领馆人员之委派，委派后之到达领馆，其最后离境或职务终止，以及在领馆供职期间所发生之身分上任何其他变更；

（二）与领馆人员构成同一户口之家属到达及最后离境；任何人成为或不复为领馆人员家属时，在适当情形下，亦应通知；

（三）私人服务人员之到达及最后离境；其职务之终止，在适当情形下，亦应通知；

（四）雇用居留接受国之人为领馆人员或为得享特权与豁免之私人服务人员时，其雇用及解雇。

二、到达及最后离境，于可能范围内，亦应事先通知。

第二节　领事职务之终了

第二十五条　领馆人员职务之终止

除其他情形外，领馆人员之职务遇有下列情事之一即告终了：

（一）派遣国通知接受国谓该员职务业已终了；

（二）撤销领事证书；

（三）接受国通知派遣国谓接受国不复承认该员为领馆馆员。

第二十六条　离开接受国国境

接受国对于非为接受国国民之领馆人员及私人服务人员以及与此等人员构成同一户口之家属，不论其国籍为何，应给予必要时间及便利使能于关系人员职务终止后准备离境并尽早出境，纵有武装冲突情事，亦应如此办理。遇必要时，接受国尤应供给彼等本人及财产所需之交通运输工具，但财产之在接受国内取得而于离境时禁止出口者不在此列。

第二十七条　非常情况下领馆馆舍与档案及派遣国利益之保护

一、遇两国断绝领事关系时：

（一）接受国应尊重并保护领馆馆舍以及领馆财产与领馆档案，纵有武装冲突情事，亦应如此办理；

（二）派遣国得将领馆馆舍以及其中财产与领馆档案委托接受国可以接受之第三国保管；

（三）派遣国得委托接受国可以接受之第三国代为保护派遣国及其国民之利益。

二、遇领馆暂时或长期停闭，本条第一项第（一）款规定应适用之。此外，

（一）派遣国在接受国境内虽未设使馆，但设有另一领馆时，得责成该领馆保管已停闭之领馆之馆舍以及其中财产与领馆档案，又经接受国同意后，得责令其兼理已停闭领馆辖区内之领事职务。

（二）派遣国在接受国内并无使馆或其他领馆时，本条第一项第（二）款及第（三）款之规定应适用之。

第二章　关于领馆职业领事官员及其他领馆人员之便利、特权与豁免

第一节　关于领馆之便利、特权与豁免

第二十八条　领馆工作之便利

接受国应给予领馆执行职务之充分便利。

第二十九条　国旗与国徽之使用

一、派遣国有权依本条之规定在接受国内使用本国之国旗与国徽。

二、领馆所在之建筑物及其正门上，以及领馆馆长寓邸与在执行公务时乘用之交通工具上得悬挂派遣国国旗并揭示国徽。

三、行使本条所规定之权利时，对于接受国之法律规章与惯例应加顾及。

第三十条　房舍

一、接受国应便利派遣国依接受国法律规章在其境内置备领馆所需之馆舍，或协助领馆以其他方法获得房舍。

二、接受国遇必要时，并应协助领馆为其人员获得适当房舍。

第三十一条　领馆馆舍不得侵犯

一、领馆馆舍于本条所规定之限度内不得侵犯。

二、接受国官吏非经领馆馆长或其指定人员或派遣国使馆馆长同意，不得进入领馆馆舍中专供领馆工作之用之部分。惟遇火灾或其他灾害须迅速采取保护行动时，得推定领馆馆长已表示同意。

三、除本条第二项另有规定外，接受国负有特殊责任，采取一切适当步骤保护领馆馆舍免受侵入或损害，并防止任何扰乱领馆安宁或有损领馆尊严之情事。

四、领馆馆舍、馆舍设备以及领馆之财产与交通工具应免受为国防或公用目的而实施之任何方式之征用。如为此等目的确有征用之必要时，应采取一切可能步骤以免领馆职务之执行受有妨碍，并应向派遣国为迅速、充分及有效之赔偿。

第三十二条　领馆馆舍免税

一、领馆馆舍及职业领馆馆长寓邸之以派遣国或代表派遣国人员为所有权人或承租人者，概免缴纳国家、区域或地方性之一切捐税，但其为对供给特定服务应纳之费者不在此列。

二、本条第一项所称之免税，对于与派遣国或代表派遣国人员订立承办契约之人依接受国法律应纳之捐税不适用之。

第三十三条　领馆档案及文件不得侵犯

领馆档案及文件无论何时，亦不论位于何处，均属不得侵犯。

第三十四条　行动自由

除接受国为国家安全设定禁止或限制进入区域所订法律规章另有规定外，接受国应确保所有领馆人员在其境内行动及旅行之自由。

第三十五条　通讯自由

一、接受国应准许领馆为一切公务目的自由通讯，并予保护。领馆与派遣国政府及无论何处之该国使馆及其他领馆通讯，得采用一切适当方法，包括外交或领馆信差，外交或领馆邮袋及明密码电信在内。但领馆须经接受国许可，始得装置及使用无线电发报机。

二、领馆之来往公文不得侵犯。来往公文系指有关领馆及其职务之一切来往文件。

三、领馆邮袋不得予以开拆或扣留。但如接受国主管当局有重大理由认为邮袋装有不在本条第四项所称公文文件及用品之列之物品时，得请派遣国授权代表一人在该当局前将邮袋开拆。如派遣国当局拒绝此项请求，邮袋应予退回至原发送地点。

四、构成领馆邮袋之包裹须附有可资识别之外部标记，并以装载来往公文及公务文件或专供公务之用之物品为限。

五、领馆信差应持有官方文件，载明其身分及构成领馆邮袋之包裹件数。除经接受国同意外，领馆信差不得为接受国国民，亦不得为接受国永久居民，但其为派遣国国民者不在此限。其于执行职务时，应受接受国保护。领馆信差享有人身不得侵犯权，不受任何方式之逮捕或拘禁。

六、派遣国，其使馆及领馆得派特别领馆信差。遇此情形，本条第五项之规定亦应适用，惟特别信差将其所负责携带之领馆邮袋送交收件人后，即不复享有该项所称之豁免。

七、领馆邮袋得托交预定在准许入境地点停泊之船舶船长或在该地降落之商营飞机机长运带。船长或机长应持有官方文件，载明构成邮袋之包裹件数，但不得视为领馆信差。领馆得与主管地方当局商定，派领馆人员一人径向船长或机长自由提取领馆邮袋。

第三十六条　与派遣国国民通讯及联络

一、为便于领馆执行其对派遣国国民之职务计：

（一）领事官员得自由与派遣国国民通讯及会见。派遣国国民与派遣国领事官员通讯及会见应有同样自由。

（二）遇有领馆辖区内有派遣国国民受逮捕或监禁或羁押候审、或受任何其他方式之拘禁之情事，经其本人请求时，接受国主管当局应迅即通知派遣国领馆。受逮捕、监禁、羁押或拘禁之人致领馆之信件亦应由该当局迅予递交。该当局应将本款规定之权利迅即告知当事人。

（三）领事官员有权探访受监禁、羁押或拘禁之派遣国国民，与之交谈或通讯，并代聘其法律代表。领事官员并有权探访其辖区内依判决而受监禁、羁押或拘禁之派遣国国民。但如受监禁、羁押或拘禁之国民明示反对为其采取行动时，领事官员应避免采取此种行动。

二、本条第一项所称各项权利应遵照接受国法律规章行使之，但此项法律规章务须使本条所规定之权利之目的得以充分实现。

第三十七条　关于死亡、监护或托管及船舶毁损与航空事故之通知

倘接受国主管当局获有有关情报，该当局负有义务：

（一）遇有派遣国国民死亡时，迅即通知辖区所及之领馆；

（二）遇有为隶籍派遣国之未成年人或其他无充分行为能力人之利益计，似宜指定监护人或托管人时，迅将此项情事通知主管领馆。惟此项通知不得妨碍接受国关于指派此等人员之法律规章之施行。

（三）遇具有派遣国国籍之船舶在接受国领海或内国水域毁损或搁浅时，或遇在派遣国登记之航空机在接受国领域内发生意外事故时，迅即通知最接近出事地点之领馆。

第三十八条　与接受国当局通讯

领事官员执行职务时，得与下列当局接洽：

（一）其辖区内之主管地方当局；

（二）接受国之主管中央当局，但以经接受国之法律规章与惯例或有关国际协定所许可且在其规定范围内之情形为限。

第三十九条　领馆规费与手续费

一、领馆得在接受国境内征收派遣国法律规章所规定之领馆办事规费与手续费。

二、本条第一项所称规费与手续费之收入款项以及此项规费或手续费之收据，概免缴纳接受国内之一切捐税。

第二节　关于职业领事官员及其他领馆人员之便利、特权与豁免

第四十条　对领事官员之保护

接受国对于领事官员应表示适当尊重并应采取一切适当步骤以防其人身自由或尊严受任何侵犯。

第四十一条　领事官员人身不得侵犯

一、领事官员不得予以逮捕候审或羁押候审，但遇犯严重罪行之情形，依主管司法机关之裁判执行者不在此列。

二、除有本条第一项所规定之情形外，对于领事官员不得施以监禁或对其人身自由加以任何其他方式之拘束，但为执行有确定效力之司法判决者不在此限。

三、如对领事官员提起刑事诉讼，该员须到管辖机关出庭。惟进行诉讼程序时，应顾及该员所任职位予以适当之尊重，除有本条第一项所规定之情形外，并应尽量避免妨碍领事职务之执行。遇有本崐条第一项所称之情形，确有羁押领事官员之必要时，对该员提起诉讼，应尽速办理。

第四十二条　逮捕、羁押或诉究之通知

遇领馆馆员受逮捕候审或羁押候审，或对其提起刑事诉讼时，接受国应迅即通知领馆馆长。倘领馆馆长本人为该项措施之对象时，接受国应经由外交途径通知派遣国。

第四十三条　管辖之豁免

一、领事官员及领馆雇员对其为执行领事职务而实施之行为不受接受国司法或行政机关之管辖。

二、惟本条第一项之规定不适用于下列民事诉讼：

（一）因领事官员或领馆雇员并未明示或默示以派遣国代表身份而订契约所生之诉讼；

（二）第三者因车辆船舶或航空机在接受国内所造成之意外事故而要求损害赔偿之诉讼。

第四十四条　作证之义务

一、领馆人员得被请在司法或行政程序中到场作证。除本条第三项所称之情形外，领馆雇员或服务人员不得拒绝作证。如领事官员拒绝作证，不得对其施行强制措施或处罚。

二、要求领事官员作证之机关应避免对其执行职务有所妨碍。于可能情形下得在其寓所或领馆录取证言，或接受其书面陈述。

三、领馆人员就其执行职务所涉事项，无担任作证或提供有关来往公文及文件之义务。领馆人员并有权拒绝以鉴定人身分就派遣国之法律提出证言。

第四十五条　特权及豁免之抛弃

一、派遣国得就某一领馆人员抛弃第四十一条、第四十三条及第四十四条所规定之任何一项特权和豁免。

二、除本条第三项所规定之情形外，特权及豁免之抛弃概须明示，并应以书面通知接受国。

三、领事官员或领馆雇员如就第四十三条规定可免受管辖之事项，主动提起诉讼，即不得对与本诉直接相关之反诉主张管辖之豁免。

四、民事或行政诉讼程序上管辖豁免之抛弃，不得视为对司法判决执行处分之豁免亦默示抛弃，抛弃此项处分之豁免，须分别为之。

第四十六条　免除外侨登记及居留证

一、领事官员及领馆雇员，以及与其构成同一户口之家属应免除接受国法律规章就外侨登记及居留证所规定之一切义务。

二、但本条第一项之规定对于任何非派遣国常任雇员，或在接受国内从事私人有偿职业之领馆雇员，应不适用，对于此等雇员之家属，亦不应适用。

第四十七条　免除工作证

一、领馆人员就其对派遣国所为之服务而言，应免除接受国关于雇用外国劳工之法律规章所规定之任何有关工作证之义务。

二、属于领事官员及领馆雇员之私人服务人员，如不在接受国内从事其他有偿职业，应免除本条第一项所称之义务。

第四十八条　社会保险办法免于适用

一、除本条第三项另有规定外，领馆人员就其对派遣国所为之服务而言，以及与其构成同一户口之家属，应免适用接受国施行之社会保险办法。

二、专受领馆人员雇用之私人服务人员亦应享有本条第一项所规定之豁免，但以符合下列两项条件为限：

（一）非为接受国国民且不在该国永久居留者；

（二）受有派遣国或第三国所施行之社会保险办法保护者。

三、领馆人员如其所雇人员不享受本条第二项所规定之豁免时，应履行接受国社会保险办法对雇用人所规定之义务。

四、本条第一项及第二项所规定之豁免并不妨碍对于接受国社会保险制度之自愿参加，但以接受国许可参加为限。

第四十九条　免税

一、领事官员及领馆雇员以及与其构成同一户口之家属免纳一切对人或对物课征之国家、区域或地方性捐税，但下列各项不在此列：

（一）通常计入商品或劳务价格内之一类间接税；

（二）对于接受国境内私有不动产课征之捐税，但第三十二条之规定不在此限；

（三）接受国课征之遗产税、遗产取得税或继承税及让与税，但第五十一条第（二）项之规定不在此限；

（四）对于自接受国内获致之私人所得，包括资本收益在内，所课征之捐税以及对于在接受国内商务或金融事业上所为投资课征之资本税；

（五）为供给特定服务所征收之费用；

（六）登记费、法院手续费或记录费、抵押税及印花税，但第三十二条之规定不在此限。

二、领馆服务人员就其服务所得之工资，免纳捐税。

三、领馆人员如其所雇人员之工资薪给不在接受国内免除所得税时，应履行该国关于征收所得税之法律规章对雇用人所规定之义务。

第五十条　免纳关税及免受查验

一、接受国应依本国制定之法律规章，准许下列物品入境并免除一切关税以及贮存、运送及类似服务费用以外之一切其他课征：

（一）领馆公务用品；

（二）领事官员或与其构成同一户口之家属之私人自用品，包括供其初到任定居之用之物品在内。消费用品不得超过关系人员本人直接需用之数量。

二、领馆雇员就其初到任时运入之物品，享有本条第一项所规定之特权与豁免。

三、领事官员及与其构成同一户口之家属所携私人行李免受查验。倘有重大理由认为其中装有不在本条第一项第（二）款之列之物品或接受国法律规章禁止进出口或须受其检疫法律规章管制之物品，始可查验。此项查验应在有关领事官员或其家属前为之。

第五十一条　领馆人员或其家属之遗产

遇领馆人员或与其构成同一户口之家属死亡时，接受国：

（一）应许可亡故者之动产移送出国，但任何动产系在接受国内取得而在当事人死亡时禁止出口者不在此列；

（二）对于动产之在接受国境内纯系因亡故者为领馆人员或领馆人员之家属而在接受国境内所致者，应不课征国家、区域或地方性遗产税、遗产取得税或继承税及让与税。

第五十二条　免除个人劳务及捐献

接受国应准领馆人员及与其构成同一户口之家属免除一切个人劳务及所有各种公共服务，并免除类如有关征用、军事捐献及屯宿等之军事义务。

第五十三条　领事特权与豁免之开始及终止

一、各领馆人员自进入接受国国境前往就任之时起享有本公约所规定之特权与豁免，其已在该国境内者，自其就领馆职务之时起开始享有。

二、领馆人员之与其构成同一户口之家属及其私人服务人员自领馆人员依本条第一项享受特权及豁免之日起，或自本人进入接受国国境之时起，或自其成为领馆人员之家属或私人服务人员之日期起，享有本公约所规定之特权与豁免，以在后之日期为准。

三、领馆人员之职务如已终止，其本人之特权与豁免以及与其构成同一户口之家属或私人服务人员之特权与豁免通常应于各该人员离接受国国境时或其离境之合理期间终了时停止，以在先之时间为准，纵有武装冲突情事，亦应继续有效至该时为止。就本条第二项所称之人员而言，其特权与豁免于其不复为领馆人员户内家属或不复为领馆人员雇用时终止，但如此等人员意欲于稍后合理期间内离接受国国境，其特权与豁免应继续有效，至其离境之时为止。

四、惟关于领事官员或领馆雇员为执行职务所实施之行为，其管辖之豁免应继续有效，无时间限制。

五、遇领馆人员死亡，与其构成同一户口之家属应继续享有应享之特权与豁免至其离接受国国境时或其离境之合理期间终了时为止，以在先之时间为准。

第五十四条　第三国之义务

一、遇领事官员前往就任或返任或返回派遣国道经第三国国境或在该国境内，而该国已发给其应领之签证时，第三国应给予本公约其他条款所规定而为确保其过境或返回所必需之一切豁免。与领事官员构成同一户口而享有特权与豁免之家属与领事官员同行时或单独旅行前往会聚或返回派遣国时，本项规定应同样适用。

二、遇有类似本条第一项所述之情形，第三国不应阻碍其他领馆人员或与其构成同一户口之家属经过该国国境。

三、第三国对于过境之来往公文及其他公务通讯，包括明密码电信在内，应比照接受国依本公约所负之义务，给予同样之自由及保护。第三国遇有已领其所应领签证之领馆信差及领馆邮袋过境时，应比照接受国依本公约所负之义务，给予同样之不得侵犯权及保护。

四、第三国依本条第一项、第二项及第三项规定所负之义务，对于各该项内分别述及之人员与公务通讯及领馆邮袋之因不可抗力而在第三国境内者，亦适用之。

第五十五条　尊重接受国法律规章

一、在不妨碍领事特权与豁免之情形下，凡享有此项特权与豁免之人员均负有尊重接受国法律规章之义务。此等人员并负有不干涉该国内政之义务。

二、领馆馆舍不得充作任何与执行领事职务不相符合之用途。

三、本条第二项之规定并不禁止于领馆馆舍所在之建筑物之一部分设置其他团体或机关之办事处，但供此类办事处应用之房舍须与领馆自用房舍隔离。在此情形下，此项办事处在本公约之适用上，不得视为领馆馆舍之一部分。

第五十六条　对于第三者损害之保险

领馆人员对于接受国法律规章就使用车辆、船舶或航空机对第三者可能发生之损害所规定之任何保险办法，应加遵守。

第五十七条　关于私人有偿职业之特别规定

一、职业领事官员不应在接受国内为私人利益从事任何专业或商业活动。

二、下列人员不应享受本章所规定之特权及豁免：

（一）在接受国内从事私人有偿职业之领馆雇员或服务人员；

（二）本项第（一）款所称人员之家属或其私人服务人员；

（三）领馆人员家属本人在接受国内从事私人有偿职业者。

第三章　对于名誉领事官员及以此等官员为馆长之领馆所适用之办法

第五十八条　关于便利、特权及豁免之一般规定

一、第二十八条、第二十九条、第三十条、第三十四条、第三十五条、第三十六条、第三十七条、第三十八条、第三十九条、第五十四条第三项、第五十五条第二项及第三项对于以名誉领事官员为馆长之领馆应适用之。此外，关于此等领馆所享之便利、特权及豁免应适用第五十九条、第六十条、第六十一条及第六十二条之规定。

二、第四十二条及第四十三条、第四十四条第三项、第四十五条、第五十三条及第五十五条第一项之规定应适用于名誉领事官员。此外，关于此等领事官员所享之便利、特权及豁免应适用第六十三条、第六十四条、第六十五条、第六十六条及第六十七条之规定。

三、名誉领事官员之家属及以名誉领事官员为馆长之领馆所雇用雇员之家属不得享受本公约所规定之特权及豁免。

四、不同国家内以名誉领事官员为馆长之两个领馆间，非经两有关接受国同意，不得互换领馆邮袋。

第五十九条　领馆馆舍之保护

接受国应采取必要步骤保护以名誉领事官员为馆长之领馆馆舍使不受侵入或损害，并防止任何扰乱领馆安宁或有损领馆尊严之情事。

第六十条　领馆馆舍免税

一、以名誉领事官员为馆长之领馆馆舍，如以派遣国为所有权人或承租人，概免缴纳国家、区域或地方性之一切捐税，但其为对供给特定服务应纳之费者不在此列。

二、本条第一项所称之免税，对于与派遣国订立承办契约之人依接受国法律规章应纳之捐税不适用之。

第六十一条　领馆档案及文件不得侵犯

领馆以名誉领事官员为馆长者，其领馆档案及文件无论何时亦不论位于何处，均属不得侵犯，但此等档案及文件以与其他文书及文件，尤其与领馆馆长及其所属工作人员之私人信件以及关于彼等专业或行业之物资、簿籍或文件分别保管者为限。

第六十二条　免纳关税

接受国应依本国制定之法律规章，准许下列物品入境并免除一切关税以及贮存、运送及类似服务费用以外之一切其他课征，但以此等物品系供以名誉领事官员为馆长之领馆公务上使用者为限：国徽、国旗、牌匾、印章、簿籍、公务印刷品、办公室用具、办公室设备以及由派遣国或应派遣国之请供给与领馆之类似物品。

第六十三条　刑事诉讼

如对名誉领事官员提起刑事诉讼，该员须到管辖机关出庭。惟诉讼程序进行时，应顾及该员所任职位予以适当尊重，且除该员已受逮捕或羁押外，应尽量避免妨碍领事职务之执行。遇确有羁押名誉领事官员之必要时，对该员提起诉讼，应尽速办理。

第六十四条　对名誉领事官员之保护

接受国负有义务对名誉领事官员给予因其所任职位关系而需要之保护。

第六十五条　免除外侨登记及居留证

名誉领事官员，除在接受国内为私人利益从事任何专业或商业活动者外，应免除接受国法律规章就外侨登记及居留证所规定之一切义务。

第六十六条　免税

名誉领事官员因执行领事职务向派遣国支领之薪酬免纳一切捐税。

第六十七条　免除个人劳务及捐献

接受国应准名誉领事官员免除一切个人劳务及所有各种公共服务，并免除类如有关征用、军事捐献及屯宿等之军事义务。

第六十八条　名誉领事官员制度由各国任意选用

各国可自由决定是否委派或接受名誉领事官员。

第四章　一般条款

第六十九条　非为领馆馆长之领事代理人

一、各国可自由决定是否设立或承认由派遣国并未派为领馆馆长之领事代理人主持之领事代理处。

二、本条第一项所称之领事代理处执行职务之条件以及主持代理处之领事代理人可享之特权及豁免由派遣国与接受国协议定之。

第七十条　使馆承办领事职务

一、本公约之各项规定，在其文义所许可之范围内，对于使馆承办领事职务，亦适用之。

二、使馆人员派任领事组工作者，或另经指派担任使馆内领事职务者，其姓名应通知接受国外交部或该部指定之机关。

三、使馆执行领事职务时得与下列当局接洽：

（一）其辖区内之地方当局；

（二）接受国之中央当局，但以经接受国之法律规章与惯例或有关国际协定所许可者为限。

四、本条第二项所称使馆人员之特权与豁免仍以关于外交关系之国际法规则为准。

第七十一条　接受国国民或永久居民

一、除接受国特许享有其他便利、特权与豁免外，领事官员为接受国国民或永久居民者，仅就其为执行职务而实施之公务行为享有管辖之豁免及人身不得侵犯权，并享有本公约第四十四条第三项所规定之特权。就此等领事官员而言，接受国应同样负有第四十二条所规定之义务。如对此等领事官员提起刑事诉讼，除该员已受逮捕或羁押外，诉讼程序之进行，应尽量避免妨碍领事职务之执行。

二、其他为接受国国民或永久居民之领馆人员及其家属，以及本条第一项所称领事官员之家属，仅得在接受国许可之范围内享有便利、特权与豁免。领馆人员家属及私人服务人员本人为接受国国民或永久居民者，亦仅得在接受国许可之范围内享有便利、特权及豁免。但接受国对此等人员行使管辖时，应避免对领馆职务之执行有不当之妨碍。

第七十二条　无差别待遇

一、接受国适用本公约之规定时，对各国不得差别待遇。

二、惟下列情形不以差别待遇论：

（一）接受国因派遣国对接受国领馆适用本公约之任何规定时有所限制，对同一规定之适用亦予限制；

（二）各国依惯例或协定彼此间给予较本公约规定为优之待遇。

第七十三条　本公约与其他国际协定之关系

一、本公约之规定不影响当事国间现行有效之其他国际协定。

二、本公约并不禁止各国间另订国际协定以确认、或补充、或推广、或引申本公约之各项规定。

第七十四条　签署

本公约应听由联合国或任何专门机关之全体会员国、或国际法院规约当事国、及经联合国大会邀请成为本公约当事一方之任何其他国家签署，其办法如下：至一九六三年十月三十一日止在奥地利共和国联邦外交部签署，其后至一九六四年三月三十一日止在纽约联合国会所签署。

第七十五条　批准

本公约须经批准。批准文件应送交联合国秘书长存放。

第七十六条　加入

本公约应听由属于第七十四条所称四类之一之国家加入。加入文件应送交联合国秘书长存放。

第七十七条　生效

一、本公约应于第二十二件批准或加入文件送交联合国秘书长存放之日后第三十日起发生效力。

二、对于在第二十二件批准或加入文件存放后批准或加入本公约之国家，本公约应于各该国存放批准或加入文件后第三十日起发生效力。

第七十八条　秘书长之通知

联合国秘书长应将下列事项通知所有属于第七十四条所称四类之一之国家：

（一）依第七十四条、第七十五条及第七十六条对本公约所为之签署及送存之批准或加入文件；

（二）依第七十七条本公约发生效力之日期。

第七十九条　作准文本

本公约之原本应交联合国秘书长存放，其中文、英文、法文、俄文及西班牙文各本同一作准；秘书长应将各文正式副本分送所有属于第七十四条所称四类之一之国家。

为此，下列全权代表，各秉本国政府正式授予签字之权，谨签字于本公约，以昭信守。

1963 年 4 月 24 日订于维也纳。